Da primeira procuração até o último precatório

Antônio Roberto Sandoval Filho

Da primeira procuração até o último precatório

Conquistas e desafios de quem dedicou 45 anos à defesa jurídica de servidores públicos paulistas

CLA editora

2024

Índice

1 - **Por que escrevi este livro** — 9

   Tornar compreensível o tema "precatórios" — 10

   Avanços — 15

2 - **A quem o livro se destina** — 17

3 - **Como me tornei advogado de servidores públicos** — 21

   De volta ao Brasil — 24

   Não há justiça sem advogados — 30

   Primeiros anos na São Francisco — 31

4 - **O início de tudo: a reivindicação de um direito** — 35

5 - **Teses jurídicas em defesa de servidores públicos** — 37

   Substituição não remunerada — 37

   Adicional cumulativo — 38

   Gatilho salarial — 39

   Aposentados do Banespa — 40

   Pontos de evolução funcional — 41

   Fator de Atualização Monetária (FAM) — 42

Adicionais temporais	43
Gratificações por paridade	46
Licença-prêmio e férias	49
Contribuição ao Iamspe e à Cruz Azul	51
Aposentadoria especial com paridade	52
Cálculo do 13º salário e terço de férias	53
Décimos do Artigo 133 da Constituição Federal	54
Reenquadramento de servidores	55
Abono de Permanência	58
Teto remuneratório	60
Adicional de Qualificação	61
Adicional de Insalubridade	62
Execuções individuais de ações coletivas	64
Pensão por morte	65
Pensionistas do antigo Ipesp	67
Restituição do Imposto de Renda	67

6 - O que é precatório   **69**

Precatórios alimentares e não alimentares	72
Ordem cronológica, prioritários, RPVs	74
"Sequestros humanitários"	75

7 - Por que a dívida com precatórios explodiu?   **77**

Hiperinflação ocultou o 'calote'	79

Dívida é resultado de sucessivos adiamentos	82
Passivo oculto por décadas	83

8 - O julgamento da Intervenção Federal no STF — 89

Sustentação oral no STF	92
Voto do ministro Marco Aurélio	94
Mesmo negado, pedido de Intervenção gerou efeitos positivos	96

9 - Atuação à frente da Comissão de Precatórios da OAB SP — 99

Tribunal de Justiça acata sugestão da OAB SP	101
Mais recursos para os credores	102
Vitória na pandemia	103
Quitação dos precatórios até 2029	105
Ação em defesa dos credores da Prefeitura de São Paulo	107
Completada a digitalização de processos	108
Teto das RPVs: uma luta que não acabou	108
É preciso aumentar o teto das RPVs	111

10 - Modernização do Poder Judiciário — 115

Tribunal de Justiça dá vazão a todos os créditos disponíveis	116

11 - É possível antecipar créditos?   119

Como evitar os golpes   120

12 - Até o último precatório   125

Um resumo da situação em junho/2024   128

13 - Agradecimentos   129

I

Por que escrevi este livro

Escrevi este livro para esclarecer os meus clientes sobre seus direitos, ajudá-los a entender por que o pagamento dos precatórios leva tanto tempo, para mostrar que a origem do atraso reside na má vontade dos gestores públicos em cumprir a lei e a Constituição Federal, para relatar que o Poder Judiciário, apesar dos notáveis esforços feitos nos anos recentes, ainda não está devidamente aparelhado e apto a distribuir os pagamentos aos credores em prazo razoável.

Para o cliente, o advogado é quem está mais perto dele, acessível a uma ligação por telefone, disponível para uma visita pessoal. É sobre o advogado que recai o inconformismo do titular do precatório. E é natural que assim seja. O credor, afinal, não consegue acessar sozinho um tribunal, um juiz ou outra autoridade. Mas ao advogado ele consegue ter acesso. E é o advogado que recebe todas as queixas por esse incompreensível atraso.

Escrevi este livro para mostrar que o advogado não é causa

do atraso. É vítima dele. São anos de visitas diárias aos órgãos do Poder Judiciário. Incontáveis são as petições e peças anexadas aos processos, as visitas a juízes e desembargadores, as consultas ao andamento das ações. É um trabalho que fica absolutamente desmedido porque o processo nunca termina.

Este livro permite mostrar que não basta ao advogado batalhar no campo jurídico para fazer prevalecer a sua tese em benefício de seu cliente. Não basta, portanto, vencer um processo. O mais difícil é conviver com o adiamento eterno do que é líquido e certo, do que já foi decidido pela Justiça. É um desgaste diário desse profissional, que afeta, naturalmente, a relação com o cliente. Os clientes precisam saber disso. E é para eles, principalmente, que este livro é dirigido.

Escrevi este livro para mostrar que adotamos todas as medidas judiciais cabíveis para fazer valer o direito dos nossos clientes e zelar pelo pagamento dos precatórios no menor prazo possível, como aconteceu com os pedidos de Intervenção Federal no Estado de São Paulo.

Tornar compreensível o tema "precatórios"

Escrevi este livro também para tornar mais acessível ao público o tema "precatórios", que muitas vezes foi indevidamente usado como sinônimo de malfeitorias, de coisas erradas, feitas ao arrepio da lei.

E nada é mais límpido e transparente do que um precatório de natureza alimentar, cujo credor é um servidor público, que batalhou na Justiça por anos, com o suporte técnico do seu advogado, para obter a satisfação de um direito que lhe foi, afinal, reconhecido pelo Poder Judiciário através de sentença definitiva, transitada em julgado.

Precatório é algo simples de entender. É instrumento jurídico que equivale a uma ordem de pagamento concedida pelo Poder Judiciário contra um estado, município, autarquia pública, o Distrito Federal ou a União. É a etapa final de um processo judicial que só ganha o *status* de precatório depois de passar por todas as etapas até se transformar em sentença definitiva, contra a qual não há mais recurso.

Em outras palavras, uma ação judicial só se 'transforma' em precatório depois que a Justiça, em sentença definitiva, reconhece que os autores do processo têm direito a receber determinados valores do ente estatal. Precatório é, portanto, consequência de uma sentença judicial definitiva. Quando não paga um precatório no período devido, o Estado deixa de cumprir decisão judicial definitiva, transitada em julgado. Se isso acontece com o Estado de São Paulo, por exemplo, ele fica sujeito à Intervenção Federal, uma medida judicial extrema, prevista na Constituição Federal.

É importante mencionar que o Estado tem o privilégio único de ter 20 meses para fazer o pagamento de um precatório. Precatórios inscritos no orçamento do Estado até 2 de abril do ano corrente serão pagos até 31 de dezembro do ano subsequente. Empresas e pessoas físicas não contam com essa benesse legal.

Para fazer valer o direito dos nossos clientes, ingressamos no final da década de 1990, junto ao Tribunal de Justiça do Estado de São Paulo (TJSP), com mais de 600 pedidos de Intervenção Federal no Estado de São Paulo por conta da inadimplência do Executivo, que se recusava a pagar os precatórios alimentares. Sim, foram mais de 600 pedidos. E todos que foram examinados pelo Tribunal mereceram aprovação unânime. Sim, todos os desembargadores do Pleno do TJSP aprovaram os pedidos de Intervenção Federal no Estado, que foram então encaminhados para o Supremo Tribunal Federal.

E por que adotamos essa medida extrema, incomum no Direito Constitucional e Administrativo do País? Vivíamos um impasse à época. O governo paulista alegava que não tinha recursos para pagar os precatórios alimentares. O mesmo governo, no entanto, encontrava recursos suficientes para realizar, durante 10 anos, os pagamentos para outras modalidades de precatórios, deixando os alimentares sem pagamento, preterindo justamente aqueles que deveriam merecer prioridade, segundo a Constituição Federal.

Adotamos essa medida extrema, o pedido de Intervenção Federal, porque não podíamos deixar os nossos clientes sem resposta. Lembro-me de que a Advocacia Sandoval Filho recebia à época mais de 10 mil ligações telefônicas de seus clientes a cada mês. E a maioria deles fazia as mesmas perguntas. "Quando vou receber meu precatório? Por que o pagamento está demorando tanto? Que outras medidas judiciais a Advocacia Sandoval Filho vai tomar para que meu precatório seja pago?".

Quando os nossos clientes souberam que havíamos entrado com pedidos de Intervenção Federal, eles queriam saber também se isso havia acontecido com os processos de que eles participavam. E a resposta era sempre positiva. O resultado é que o Tribunal de Justiça de São Paulo acolheu por unanimidade os mais de

600 processos com pedidos de Intervenção Federal e os encaminhou para deliberação do Supremo Tribunal Federal.

Diante do peso daquele enorme volume de processos, um dos ministros do STF afirmou, em tom de brincadeira, que a estrutura física da Corte estava correndo o risco de colapsar...

E foi para isso que escrevi este livro — para contar aos nossos clientes por que adotamos medidas extremas como os pedidos de Intervenção Federal. Dois desses pedidos foram julgados em agosto de 2002 pelo Pleno do Supremo Tribunal Federal.

Tive a honra de subir à tribuna que cabia aos advogados para apresentar a "sustentação oral" do pedido de intervenção. Lotando o auditório, estavam muitos colegas que militavam em favor da mesma causa, a defesa de servidores públicos. Havia também a presença de jornalistas e de representantes da sociedade civil. Outro aspecto interessante desse julgamento é que ele foi um dos primeiros a merecer transmissão ao vivo por parte da TV Justiça.

O Supremo não acatou o nosso pedido, com exceção do ministro Marco Aurélio, relator do processo, que considerou inaceitável a inadimplência do Estado em relação aos precatórios. Mas muita coisa mudou depois desse julgamento. Foi o primeiro passo para que a sociedade brasileira, a imprensa e os formadores de opinião pudessem compreender que precatório compõe a dívida pública e não cabe outra medida a não ser a completa quitação desse passivo.

Neste livro, quero contar essa história, que poucos conhecem, mesmo aqueles que estão próximos de nós. É uma história em que há tropeços e vitórias. Avançamos bastante, mas ainda não o suficiente. O Estado de São Paulo, por exemplo, encerrou só agora, em 2024, o pagamento de precatórios que estavam inscritos no orçamento de 2011. Ou seja, há um atraso de 13 anos. O que deveria ter sido pago em 2011 está sendo pago só em 2024, no momento da publicação deste livro.

Repetem os gestores públicos, ontem e hoje, a mesma desculpa: não haveria recursos suficientes para honrar o pagamento de precatórios. Esse argumento é insustentável, inclusive do ponto de vista econômico e social.

Precatório, vale lembrar, é parte integrante da dívida pública. Se o Estado não pagasse a sua dívida, haveria um caos econômico e social, já que os credores dessa dívida são milhões de empresas e de cidadãos brasileiros que entregam as suas poupanças para sustentar o Poder Público, obtendo em troca a remuneração financeira desse capital. Por isso, é fundamental manter a confiança da sociedade na capacidade do Estado de honrar as suas dívidas.

No caso do Estado de São Paulo, há recursos mais do que suficientes para quitar, sem muito esforço, a sua dívida até 2029, como exige a lei. No entanto, persistem dúvidas na sociedade quanto à vontade efetiva do Executivo em quitar essa dívida nesse prazo, já que os recursos disponibilizados anualmente para isso continuam insuficientes para zerar a dívida até lá, o que pode levar à concessão de novas moratórias.

E o mais incrível é que a postura de muitos estados e municípios de adiar o pagamento da dívida com precatórios termina por elevar substancialmente esse passivo, por conta dos encargos financeiros, dos juros e correção monetária que incidem sobre esse total. É uma atitude prejudicial às finanças públicas e, por consequência, profundamente negativa para todos os cidadãos.

Avanços

Mas é preciso que o leitor saiba dos inúmeros avanços que nós, advogados de servidores públicos e entidades da sociedade civil, como a Ordem dos Advogados do Brasil e o Madeca (Movimento dos Advogados em Defesa dos Credores Alimentares do Poder Público), obtivemos com muita luta em nome dos nossos clientes.

O pagamento dos credores prioritários, aqueles que têm mais de 60 anos, ou os que são doentes ou deficientes físicos, está praticamente em dia no Estado de São Paulo em maio de 2024, quando finalizamos este texto, havendo apenas um pequeno atraso, que seria superado em breve, segundo promessas das autoridades.

Foram dezenas de ações patrocinadas por nós, da Advocacia Sandoval Filho. Muitas delas nascidas do contato direto, da conversa sem intermediários entre nossa Equipe Jurídica e os nossos clientes. Obtivemos sucesso em muitas delas. Em outras, as ações patrocinadas por nosso Escritório foram julgadas improcedentes. Nunca faltou, no entanto, de nossa parte, total empenho e dedicação em favor de cada um de nossos milhares de clientes. O saldo é muito, muito positivo.

Nosso trabalho espalhou-se como o canto dos galos no poema "Tecendo a Manhã", de João Cabral de Mello Neto. Nosso nome foi passado de um cliente a outro — de início em pequena escala. Depois, esse movimento ganhou vulto e progressão. Honramos as procurações que recebemos. E obtivemos crescente aceitação entre os servidores públicos do Estado de São Paulo. Este é o nosso maior orgulho, a nossa maior conquista: a confiança dos nossos clientes.

Escrevi este livro para registrar esta trajetória que agora em 2024 completa 45 anos. Percebi que os clientes precisam conhecer os detalhes desta longa caminhada. Que os nossos colaboradores precisam conhecer os louros alcançados e as pedras no meio do caminho.

Escrevi este livro como um testemunho vivo de que o bom combate deve ser sempre travado. Que haverá dias de sol e dias de tempestade. Mas que o essencial é ter a consciência movida por um ideal, por um propósito que nos transcenda. E o nosso ideal foi e continua sendo defender judicialmente os direitos do servidor público do Estado de São Paulo.

Assim foram os 45 anos da Advocacia Sandoval Filho.

Espero que o livro seja útil para você, leitora e leitor.

Antônio Roberto Sandoval Filho
Advocacia Sandoval Filho
Sócio-fundador

2

A quem este livro se destina

Dediquei 45 anos da minha vida profissional à defesa jurídica dos servidores públicos e seguirei ativo nessa luta até que o último precatório seja honrado e inteiramente pago segundo as regras fixadas pelo Poder Público. Alguns leitores podem legitimamente supor que há otimismo demais no fato de acreditarmos que o final desse passivo, especialmente do Estado de São Paulo, onde atuamos, irá ocorrer na minha geração.

Vivemos, no entanto, situações no passado muito piores, em que o Estado praticamente não pagava os precatórios, a não ser uma fração desprezível dos valores efetivamente devidos. Com muito empenho e coragem por parte dos principais envolvidos nessa equação, os credores e seus advogados, a situação mudou para melhor.

É esta história que quero contar neste livro, que não é uma obra voltada exclusivamente aos advogados e outros agentes do Direito. É um trabalho que foi pensado para servir ao público não afeito aos temas jurídicos. As questões técnicas serão tratadas aqui de modo a que leigos possam entender do que se trata.

Sei muito bem que vencer os intrincados detalhes da legislação e dos processos judiciais pode ser uma tarefa difícil para quem não é especialista. Para aliviar essa carga, procurei adotar uma abordagem distinta: ao invés de inundar os clientes e leitores com termos técnicos, procurei comunicar os aspectos essenciais dos temas abordados em uma linguagem compreensível a todos.

Essa é, por sinal, uma característica marcante do trabalho que desempenhamos na Advocacia Sandoval Filho, visível tanto em nossas interações diretas com os clientes quanto em nossos esforços de comunicação mais amplos.

Nossos artigos e publicações *online*, por exemplo, são marcados por um estilo de escrita acessível e esclarecedor, destinado a iluminar, em vez de confundir. Trata-se de uma abordagem que visa empoderar os clientes, permitindo-lhes um entendimento profundo dos seus próprios casos.

Mas o que torna esta abordagem verdadeiramente inovadora é a crença de que todos os clientes merecem compreender plenamente os seus direitos e as ações legais que os impactam. Procuro, neste livro, evitar o jargão excessivamente jurídico, o "juridiquês", e reafirmo meu compromisso com uma advocacia acessível, transparente e humanizada.

Quero com este livro dar a nossa contribuição para criar um padrão novo na área legal brasileira, no qual a compreensão do cliente é colocada no centro da representação jurídica. Ao adotar esse caminho, estou tornando o Direito um campo um pouco mais acessível a todos.

O livro é um convite para que possamos juntos entender que os direitos de servidores públicos devem ser respeitados integralmente, como devem ser respeitados os direitos de todos os demais cidadãos brasileiros.

Vivemos uma situação típica do copo meio cheio e meio vazio. Caminhamos bastante, sem dúvida. Inúmeras conquistas foram duramente alcançadas. Mas há muito ainda a conquistar. O passivo do Executivo paulista com precatórios está previsto para acabar até 2029, depois de sucessivos adiamentos.

A realização deste sonho — o fim das dívidas do Estado de São Paulo e todos os entes devedores com precatórios — depende do consórcio de muitos agentes, a começar dos próprios credores e dos seus advogados. Tem sido decisiva a ação do Poder Judiciário e de suas várias instâncias, que vêm introduzindo modernizações, como o processo eletrônico, que reduzem substancialmente o prazo da prestação jurisdicional.

Da mesma forma, cabe destacar o papel do Conselho Nacional de Justiça, CNJ, que teve atuação corajosa durante a pandemia, impedindo que o Estado de São Paulo confundisse as imperiosas ações de combate à pandemia do coronavírus e implantasse mais um calote no pagamento dos precatórios estaduais.

Este livro é dedicado, essencialmente, ao servidor público de todas as diferentes categorias, aos seus herdeiros e pensionistas. É uma homenagem àqueles que partiram sem assistir à completa satisfação de seus pleitos mais legítimos e reconhecidos por sentenças judiciais definitivas.

É uma mensagem de esperança. Entendemos que é possível, sim, acabar com a saga sem fim dos precatórios. É possível zerar a dívida da União, dos estados, dos municípios e das autarquias públicas com precatórios. É possível interromper a criação de novos passivos através da estrita observância da lei por parte dos gestores públicos.

A resiliência dos credores e de seus advogados, a ação determinada das instâncias judiciais, o processo digital e o compromisso dos gestores públicos com o estrito cumprimento da letra da lei podem encerrar de vez essa mazela nacional.

3

Como me tornei advogado de servidores públicos

Farei aqui, neste capítulo, uma breve retrospectiva para retomar mais tarde o tema precatório. É importante contar ao leitor o caminho que me levou a abraçar a causa do servidor público paulista.

Fui para os Estados Unidos da América em 1973 como bolsista do Rotary Club da minha cidade, Ituverava (SP), que fica a 400 quilômetros de São Paulo, às margens da Via Anhanguera. É uma região que foi chamada de Alta Mogiana no período em que a estrada de ferro era o principal meio de ligação entre o interior e a capital.

Na época, eu participava intensamente das atividades do Interact Club de Ituverava, organização ligada ao Rotary que contava com a participação de jovens e que desempenhava diversas atividades associativas. Por conta disso, fui eleito presidente do Interact Club de Ituverava. O Rotary tinha então (e tem até hoje) um programa de intercâmbio com rotarianos de outros países. Jovens originários principalmente dos Estados Unidos da América (EUA) eram recebidos no Brasil por um período de 10 a 12 meses e, em contrapartida, jovens brasileiros eram acolhidos nos EUA por igual período. Aqui e lá esses estudantes frequentavam as aulas e conviviam com a sociedade local.

Era um modo muito eficaz de promover o intercâmbio de culturas e de experiências em um momento em que não havia nada que aproximasse os povos. Não havia celular nem internet e as ligações telefônicas eram proibitivas. O único meio de comunicação efetivo se dava através dos Correios. Lembro-me das inúmeras cartas que escrevi e recebi de amigos e familiares naquele período. A saudade apertava em muitos momentos. E foi preciso buscar coragem para aquecer o coração e afastar a saudade. Estava decidido a levar aquela experiência da melhor forma possível até o final.

E valeu muito a pena. Lá fiz o equivalente ao 3º ano do Ensino Médio na Carson High School, em Carson City, capital do estado de Nevada (EUA), vizinho à Califórnia. Quem participou deste tipo de experiência sabe como ela é relevante e profunda.

Vivi experiências marcantes nesse período. Aprendi a praticar o futebol americano, que eles chamam simplesmente de *football* e que é diferente do futebol que praticamos no Brasil, chamado por eles de *soccer*. Desempenhei a função de *kicker*, responsável pelos chutes contra a linha de gol do adversário. Devo ter sido um jogador de algum talento, porque fui convidado a permanecer no país estudando em uma universidade norte-americana e praticando o *football*.

Outra vivência inesquecível aconteceu na relação com uma professora, uma senhora amável, sorridente, de cabelos grisalhos, que se prontificou a ensinar-me o inglês para que eu não voltasse ao Brasil sem dominar o idioma. Ela dedicava alguns minutos todos os dias ao final das aulas para conversar comigo. Deu resultado. Nas primeiras semanas depois de voltar ao Brasil, foi difícil 'esquecer' o inglês e, mentalmente, 'ligar' de novo o português. É que eu já estava literalmente pensando em inglês.

Fiquei um ano por lá. Convivi, durante os primeiros seis meses, com uma família norte-americana, um casal e quatro filhos. O marido era advogado. Participei, a convite dele, de algumas sessões de júris cíveis naquele país. É curioso pensar que a primeira experiência mais próxima que tive com o mundo jurídico tenha acontecido justamente num país estrangeiro, com um sistema legal inspirado parcialmente no *Common Law* inglês, enquanto no Brasil a referência principal é o Direito Romano. Essa experiência certamente contribuiu para que o Direito passasse a ser uma referência para minha futura escolha.

Na volta ao Brasil em 1974, o jornal da minha cidade, *Tribuna de Ituverava*, reproduziu trechos de uma carta escrita por Charlotte, em cuja casa, em Carson City, Nevada, tive o prazer de ficar hospedado por algum tempo na companhia de seu marido e filhos. A mesma reportagem foi também estampada no jornal *O Estado de S. Paulo*, em sua edição 23 de fevereiro de 1974, página 15, com o título "Jovens do interior nos EUA".

Na carta, Charlotte dizia que, antes de conhecer o "Deto" (apelido familiar), tinha vergonha de saber tão pouco do Brasil. "O que o Deto nos deu a conhecer de seu país despertou em nós profundo interesse", afirmava a autora da carta. "Ontem, ele descreveu novamente o Brasil, quando o governador de Nevada lhe entregou um prêmio como vencedor do concurso de conferências intitulado A Voz da Democracia. Ficamos orgulhosos com a vitória que ele obteve".

Este era um concurso bastante prestigiado à época, por conta inclusive da entidade que o promovia – Veterans of War. O governador de Nevada à época era Mike O'Callaghan, que ocupou este cargo de 1971 a 1979. Charlotte foi muito generosa em sua carta. Mas acredito que pude, modestamente, desempenhar um papel de disseminador da imagem do Brasil junto àquele círculo de pessoas.

De volta ao Brasil

No retorno ao Brasil, decidi mudar-me para São Paulo. Precisava trabalhar e buscar uma forma de sustento na capital. Prestei o exame de equivalência no Colégio Marina Cintra, no centro da cidade, o que me permitiu concluir oficialmente o 3º ano do Ensino Médio.

Meu primeiro emprego, com registro na carteira de trabalho, foi como auxiliar do departamento pessoal da Sociedade de Criadores e Proprietários de Cavalos de Corrida de São Paulo, que ficava no Jockey Club de São Paulo, junto à Marginal Pinheiros.

Uma das minhas tarefas era entregar guias junto ao INSS, próximo ao Largo de São Francisco, no centro da capital. Aproveitei esse caminho para entrar no prédio da São Francisco, ou

SanFran, como hoje preferem os jovens, e usá-lo como parte do meu itinerário. Foi a primeira vez que atravessei as Velhas Arcadas, podendo observar com admiração aquele prédio imponente e majestoso, que mais tarde frequentaria assiduamente durante cinco anos. Fiquei nesse trabalho durante quatro meses até receber a notícia de que eu fora aprovado nos vestibulares para ingressar na Faculdade de Direito do Largo de São Francisco, da USP.

O sonho de ingressar na Faculdade de Direito do Largo de São Francisco persistia vivo em minha mente. Esta instituição foi sempre uma referência para várias gerações de jovens, desde o século XIX, inclusive a minha. Era seguramente a melhor faculdade de Direito do País. Quando vieram os resultados dos exames, meu nome estava lá, entre os aprovados. Foi uma sensação única, que muitos vestibulandos já tiveram a alegria de vivenciar. De muito valeram, para o êxito desta tentativa, as lições recebidas de ótimos professores com os quais convivi desde os primeiros anos do Primário, sempre em escolas públicas.

Pessoas da minha geração tiveram a sorte e o privilégio de frequentar escolas públicas de excelência, o que foi fundamental para a conquista de objetivos pessoais e profissionais. No meu caso, desde o Primário, frequentei em Ituverava (SP), minha cidade natal, o Instituto Capitão Antonio Justino Falleiros, onde mais tarde completei o curso Colegial (hoje Ensino Médio). Nessa escola, sempre tive bons resultados, especialmente em matemática, português e história. Esse conhecimento foi indispensável, mais tarde, para a aprovação nos vestibulares da São Francisco.

Não há como ingressar pela primeira vez naquelas Velhas Arcadas sem um tanto de alegria e júbilo, outro de orgulho, um quê de emoção solene, uma sensação de que todo aquele esforço anterior valeu muito a pena. Afinal, por ali passaram Ruy Barbosa e Luiz Gama, Álvares de Azevedo e Oswald de Andrade, Goffredo da Silva Telles e Lygia Fagundes Telles, e tantos outros nomes que estão no panteão jurídico e cultural do país. Ali, naquele espaço, que chamávamos de "território livre", pareciam conviver todos esses heróis, ocultos como sombras, atrás daquelas colunas.

Foram cinco anos de intensa vida acadêmica. O Brasil, em 1975, quando ingressei na Faculdade, registrava os primeiros sinais de esgotamento do regime militar, que tivera início em 1964. Naqueles anos, a São Francisco reverberava o movimento político que se processava na sociedade. A Faculdade era um eco de ressonância das vozes que ansiavam por liberdade e democracia, que estavam saturadas da repressão política, da censura, das prisões arbitrárias.

A sala de aula e o pátio pareciam uma coisa só. Vivíamos aquela atmosfera de culto ao Direito e de rebeldia em relação ao que acontecia fora das Arcadas. Assistíamos às aulas, logo no 1º ano, de Goffredo da Silva Telles, líder das lutas democráticas, que veio, em agosto de 1977, a ler sob as Arcadas a "Carta aos Brasileiros", um manifesto em que ele e outros professores da São Francisco, além de intelectuais que militavam em áreas diversas, faziam a defesa do Estado Democrático de Direito.

Essa mesma carta serviu de inspiração para que um grupo de professores, intelectuais e representantes da sociedade civil lançasse, em julho de 2022, a "Carta às brasileiras e aos brasileiros em defesa do Estado Democrático de Direito", que alcançou grande repercussão no País, tendo recebido mais de um milhão de assinaturas. Entidades sindicais e empresariais, além de representantes da comunidade financeira, foram signatárias do documento, que mereceu leitura solene em ato público realizado no dia 11 de agosto de 2022, no auditório nobre da Faculdade de Direito. Uma multidão acompanhou o ato através de um telão no Largo de São Francisco.

Era comum contar, nos auditórios da Faculdade, com a presença de nomes nacionais, como Dom Helder Câmara, o famoso arcebispo de Olinda e Recife, o senador Paulo Brossard e Luiz Carlos Prestes, comandante da Coluna Prestes de 1922 e líder comunista, que conversavam de igual para igual com os estudantes. Eram muito acirradas as disputas internas pelo controle do Centro Acadêmico XI de Agosto. Várias correntes políticas disputavam a preferência dos colegas. O Centro sempre teve peso político, é proprietário de imóveis, conta com verba própria e tem efetiva influência no meio estudantil.

Outro foco de disputa era o Departamento Jurídico XI de Agosto, que tinha e tem uma dupla função. É um canal para que os estudantes de Direito, sob orientação de professores e de colegas mais experientes, possam praticar o que aprendem nas salas de aulas. E é também um meio de prestação de assistência judiciária gratuita para a população de menor poder aquisitivo.

Passaram por este Departamento nomes como José Antonio Dias Toffoli, ministro do Supremo Tribunal Federal, José Carlos Dias, ex-ministro da Justiça, Sylvia Steiner, ex-ministra do Tribunal Penal Internacional, e Floriano de Azevedo Marques Neto, ex-diretor da própria São Francisco.

Tive a honra de ser eleito à época diretor do Departamento Jurídico do XI de Agosto. Vitória apertada, por um voto de diferença, mas vitória. Além da vitória nas urnas, era necessário contar com o apoio do presidente do Centro Acadêmico XI de Agosto, responsável por chancelar a escolha feita pelos colegas. Na época, o vice-presidente do "XI" era Fabio Feldmann, meu colega de classe, com quem eu tinha boas relações e cuja atuação foi importante para que meu nome fosse aceito pela Diretoria. Feldmann destacou-se anos mais tarde por sua atuação em defesa do meio ambiente.

Comandar o "Jurídico", como é conhecido esse Departamento, é uma experiência única para um jovem universitário. Impossível passar por essa experiência sem amadurecer muitos anos. Participamos à época de processos jurídicos de grande importância, como a legalização de loteamentos clandestinos. Havia então inúmeros loteamentos em situação irregular na cidade de São Paulo. O "Jurídico" entrou firme nesse tema e ajudou a resolver parte dessa difícil equação.

Caso exemplar foi o de Izaltina Teles de Oliveira. Conseguimos, através do Departamento, que a Justiça reconhecesse o "uso social da propriedade" e concedesse a ela o direito de usucapião em um terreno localizado em uma grande comunidade na Zona Sul da cidade, a favela do Buraco Quente, próxima ao Aeroporto de Congonhas. Izaltina não tinha recursos para contratar advogado e o Jurídico lhe prestou assistência judiciária gratuita, assim como a centenas de outras pessoas à época.

Outra experiência inesquecível foi o apoio jurídico que demos às comunidades e às pastorais da Vila Nhocuné, na Zona

Leste de São Paulo, envolvendo a legalização de loteamentos clandestinos. Tive então a oportunidade de travar contato com essa figura excepcional que é Dom Angélico Sândalo Bernardino, bispo católico cuja trajetória em apoio às comunidades carentes está retratada de forma pungente no filme *Dom Angélico e o grito do povo* e na biografia *Dom Angélico: o bispo que gritava junto com o povo*, lançados em 2021.

Passei muitas horas, aos sábados, para orientar esses moradores — um trabalho cansativo, mas que me deixava com a consciência leve. Fazíamos a coisa certa para pessoas desassistidas que muito precisavam desse apoio jurídico.

A experiência de participar de sessões do Tribunal do Júri teve repercussões pessoais e profissionais. Assumimos pelo Jurídico, em certa ocasião, a defesa de um réu acusado de homicídio, que havia confessado o crime. Naquela época, a tortura era prática comum que vitimava todos os tipos de presos — uma prática inaceitável que infelizmente é comum até hoje no País.

Examinando o processo, vimos que não havia provas técnicas contra o réu. Lembrei-me então das lições aprendidas na disciplina de Direito Penal, especialmente dos ensinamentos do grande criminalista Cesare Beccaria, em seu livro *Dos Delitos e das Penas*, publicado em 1764[1].

Beccaria acreditava que a tortura era um princípio medieval de jurisprudência. Ele dizia que "a tortura é muitas vezes um meio seguro de condenar o inocente fraco e de absolver o

---

1. BECCARIA, Cesare. *Dos Delitos e das Penas*. Disponível em: https://www.dhnet.org.br/dados/livros/memoria/mundo/beccaria.html. Acesso em: 20 abr. 2024.

celerado robusto". A provável tortura sofrida pelo réu nas dependências do Estado e a ausência de provas técnicas contra ele nos fizeram pedir a sua absolvição — o que foi confirmado pelos jurados. Foi uma vitória difícil — quatro votos pela absolvição, três pela condenação.

Recebi então o estímulo de alguns colegas, presentes ao julgamento, para seguir na advocacia criminal. Meu caminho foi outro, mas ganhou força naqueles episódios, envolvendo a participação em tribunais do júri, a tendência, ou talvez vocação, de valorizar mais a defesa que a acusação. Pouco a pouco, essa inclinação natural ganhou mais e mais força.

Ficou claro para mim, ao atuar na defesa daqueles réus, que qualquer pessoa submetida a um julgamento judicial ficaria em situação de absoluta fragilidade se não contasse com o apoio técnico de um advogado. Pois ele é um personagem fundamental no Estado Democrático de Direito e sua atuação está consolidada nas legislações de todos os Estados democráticos do mundo.

Não há justiça sem advogados

Compreendi que todos os réus, sejam quais forem os crimes a eles imputados, têm direito a um julgamento justo — e que isso só acontece se houver o trabalho de um advogado. Nunca deixei de lado essas convicções consolidadas na prática e no estudo do Direito.

Durante o período em que estudei na São Francisco, houve um intenso movimento de revalorização da atividade dos advogados, cujas prerrogativas haviam sido seriamente prejudicadas durante o regime militar. Parte desse movimento foi liderada pela Ordem dos Advogados do Brasil.

Houve uma sucessão de presidentes da OAB que souberam valorizar os pleitos democráticos e a atuação dos advogados. Nomes como Caio Mário da Silva Pereira, Raymundo Faoro e Eduardo Seabra Fagundes deram apoio e sustentação ao trabalho dos advogados e à defesa de suas prerrogativas. Eles passaram a funcionar como vozes de uma sociedade que clamava por liberdade e pela restauração plena do Estado Democrático de Direito. Suas vozes eram ouvidas e tinham eco na imprensa e nas outras instituições da sociedade civil.

A OAB nesse momento se agigantou do ponto de vista moral e ganhou força institucional. O combate às torturas e a luta pela anistia aos presos políticos e aos condenados pelo regime de 1964 mereceram o engajamento completo da Ordem no plano nacional e nas seccionais estaduais.

Olhando à época aquele cenário e aquela instituição, não poderia imaginar que um dia eu teria efetivamente alguma participação na OAB. Seria honroso integrar uma entidade com essas características, o que acabou acontecendo anos mais tarde.

Primeiros anos na São Francisco

Cursei o 1º semestre na São Francisco em 1975. Mas, logo no 2º semestre, fui convocado a prestar serviço militar em minha cidade natal, Ituverava. A legislação à época permitia que os universitários nessa condição tivessem as suas faltas abonadas e pudessem prestar regularmente as provas. Foi o que fiz, com bastante sacrifício e com a ajuda dos colegas de classe, que me repassavam o conteúdo dado em sala de aula.

Em 1976, fui aceito como estagiário em um escritório de alto nível especializado no atendimento jurídico a grandes empresas de origem alemã. Nesse mesmo ano, fui chamado a assumir um cargo no Banco do Brasil, aprovado que fora em um concurso realizado em anos anteriores. Dizia-se à época que um emprego no BB era algo irrecusável, graças às oportunidades de ascensão profissional, aos bons salários e à segurança quanto ao futuro.

Apresentei a situação à equipe do escritório onde trabalhava, dizendo que não teria como continuar ali, pois tinha que aceitar o emprego no Banco do Brasil. Recebi uma contraproposta para ficar meio período no BB, das 7 às 13 horas, e meio período naquele escritório de advocacia, das 14 às 19 horas.

Era uma jornada tripla, já que à noite eu frequentava as aulas na São Francisco. A sorte é que o escritório ficava bem próximo da faculdade. Podia cobrir a distância entre os dois prédios em poucos minutos. E foi assim por alguns meses. Até que eu desistisse do "emprego dos sonhos" no BB e aceitasse de vez a aventura de viver da advocacia. Optei por trabalhar unicamente no escritório de advocacia até por volta de 1978.

Nesse período, com o apoio de um colega, que fazia parte do mesmo escritório, ingressamos com o primeiro processo em defesa de servidores públicos. Foi algo pontual, motivado pela situação de minha mãe, professora primária do estado. O processo envolvia a reivindicação de direitos decorrentes do tempo trabalhado por muitas professoras do estado em substituição não remunerada em escolas na zona rural. Entendíamos que a remuneração não era devida. Mas eram devidos, sim, benefícios como contagem de tempo de aposentadoria, licença-prêmio e outros no período em que essas professoras cumpriam tais atividades docentes. Esta ação teve consequências que estão apresentadas em outros capítulos deste livro.

Na iminência de concluir a faculdade e tornar-me advogado, abrimos um escritório de advocacia na Zona Leste da capital, sob a supervisão do meu tio e sócio Cássio Garcia Ordine. Sob a orientação de um profissional experiente, dediquei-me à defesa jurídica de pequenas e médias empresas daquela região. Sempre quis abrir o meu próprio escritório. Não queria ficar debaixo da sombra alheia, por mais frondosa e generosa que ela fosse. Depois de algum tempo, deixamos a Zona Leste e mudamos a sede do escritório para a Alameda Pamplona, nos Jardins.

Foi nessa época que decidi embarcar numa longa viagem à Europa. Vendi meu carro para bancar as despesas de viagem. Visitei países como França, Holanda, Bélgica, Inglaterra e Alemanha, inclusive a então Alemanha Oriental, ainda durante o período da chamada Cortina de Ferro.

De volta a São Paulo e às minhas atividades profissionais, segui na defesa jurídica de diversas empresas, além de atender a uma pequena carteira de clientes que eram servidores públicos do estado. Gradualmente, o exercício profissional me levou a optar por um caminho único em defesa do servidor público, uma categoria tantas vezes ignorada por governadores, prefeitos e gestores de autarquias.

Ouvindo os clientes, conseguimos identificar manobras que contornavam a lei e prejudicavam professores, delegados de polícia, diretores de ensino e representantes de diversas outras áreas do funcionalismo. Desenvolvemos teses que a duras penas tornaram-se vitoriosas na Justiça e, lentamente, ganhamos a confiança de mais e mais funcionários públicos. É essa história que será desenvolvida nos próximos capítulos.

4

O início de tudo: a reivindicação de um direito

Tudo começa com a reivindicação de um direito que não é reconhecido por um ente federativo, que pode ser a União, os estados, municípios ou autarquias. Para buscar na Justiça o reconhecimento desse direito, relativo ao pagamento de salários, benefícios ou aposentadorias, o servidor público escolhe um advogado e lhe outorga uma procuração para que ele faça a sua defesa junto ao Poder Judiciário.

Caso a Justiça dê ganho de causa ao servidor público, e após o "trânsito em julgado", é expedido um precatório, ou seja, uma ordem de pagamento, que deve ser paga até o final do ano subsequente. Com a Emenda Constitucional nº 114 de 2021, o prazo de inclusão de um precatório no orçamento do ano subsequente foi antecipado para o dia 2 de abril de cada ano (antes era até 31 de julho). Com isso, o ente devedor tem 20 meses para realizar o pagamento do precatório, ou seja, tem até 31 de dezembro do ano subsequente àquele em que o precatório foi incluído no orçamento do estado.

Em tese, tudo parece simples. Mas o funcionário público esbarra em muitos entraves antes mesmo de entrar na Justiça. A dificuldade inicial está justamente na falta de conhecimento sobre seus direitos, fato agravado pelo cipoal legislativo resultante de novas leis, novos dispositivos legais e administrativos emanados pelo Poder Público todos os dias.

Os gestores levam em conta essa dificuldade ao fixar leis e regras que são inconstitucionais e contrárias aos direitos dos servidores públicos. A expectativa de muitos deles é que poucos funcionários públicos ingressarão de fato na Justiça para fazer valer o que a lei ou a Constituição lhes assegura. Por desconhecer os seus direitos, muitos não recorrem à Justiça.

Por conta disso, é nossa responsabilidade, como advogados de servidores públicos, trabalhar, de forma sistemática e intensa, para levar a esses profissionais todas as informações sobre os seus direitos através de contatos pessoais e de ferramentas de comunicação digital. Precisamos evitar incorrer no que define esta conhecida sentença jurídica: "O direito não socorre aos que dormem" (*Dormientibus non succurrit jus*).

É preciso não dormir e estar atento aos interesses dos clientes para interceder em sua defesa em todas as fases processuais — a começar do levantamento de sua situação funcional. Fazemos, em cada caso, uma espécie de 'diagnóstico' para verificar detalhadamente o correto enquadramento do servidor.

5

Teses jurídicas em defesa de servidores públicos

Abordamos neste capítulo teses jurídicas que nasceram de trocas entre os clientes e seus advogados. Várias delas resultaram do intercâmbio entre os próprios advogados. Muitas foram compartilhadas com milhares de profissionais que atuam na defesa jurídica dos credores alimentares e com entidades e associações de classe, ligadas aos servidores públicos, que cumpriram e cumprem um papel importante. A Advocacia Sandoval Filho fez e faz parte desse grande movimento cuja finalidade última é a defesa da Justiça.

Substituição não remunerada

Dei início pela primeira vez à defesa jurídica de servidores públicos, com uma tese envolvendo professoras da rede pública do Estado de São Paulo. Lá no início dos anos 1980, examinando o holerite e a situação funcional de professoras que faziam substituição não remunerada, percebi que o Estado de São Paulo não fazia **o correto cálculo do tempo de serviço dessas professoras, para fins de aposentadoria e recebimento de benefícios**. Com isso, os períodos trabalhados dentro dessa modalidade não eram contabilizados no cálculo das aposentadorias e dos benefícios devidos a essas profissionais.

Entramos na Justiça e conseguimos restabelecer o correto cálculo do tempo de serviço para inúmeros professoras e professores. Foi minha primeira causa nessa área e minha primeira vitória. A primeira de muitas. Aprendi com esse exemplo que é importante ouvir o cliente, ficar atento ao que ele tem a nos dizer, ao seu relato. Muita coisa nasce dessa interação.

Adicional cumulativo

Outra ação, inicialmente bem-sucedida, envolveu os **adicionais cumulativos**. Havia carreiras de servidores públicos que recebiam a cada período de **cinco anos** um adicional sobre suas remunerações. No período subsequente, tais servidores receberiam novo adicional que incidia sobre o valor anterior, acrescido das demais vantagens funcionais.

Fundamentados no princípio constitucional de que todos os cidadãos são iguais perante a lei, ajuizamos ação para pleitear na Justiça que os demais servidores públicos tivessem direito à mesma regra.

A ação do adicional cumulativo despertou a atenção de grande número de servidores públicos, que outorgaram procurações à Advocacia Sandoval Filho, no período compreendido entre 1984 e 1988, para que pudéssemos defendê-los na Justiça em relação a esta tese. Contudo, houve então alterações na Constituição Federal e na Constituição do Estado de São Paulo, que vieram a proibir a incidência de um adicional sobre o outro.

Com isso, a ação não teve êxito na grande maioria dos casos. No entanto, houve processos que já haviam transitado em julgado e que não foram, portanto, afetados pelas alterações constitucionais posteriores. Vários clientes, que integravam esses processos com sentenças definitivas, foram contemplados e receberam os seus créditos. Essa ação ficou conhecida, de forma um tanto pejorativa, como "adicional em cascata" e foi vedada definitivamente com as alterações constitucionais posteriores.

Gatilho salarial

Com a implantação do Plano Cruzado, em 28 de fevereiro de 1986, editado pelo Decreto-Lei n° 2.283, ficou instituída uma nova unidade monetária, objetivando combater a inflação. Em 10 de março do mesmo ano, o Decreto-Lei n° 2.284 veio aprimorar o novo sistema implantado, tendo revogado as disposições do decreto anterior.

Para adequar a política salarial, foi aprovada em 2 de julho de 1986 a Lei Complementar n° 467/1986, que previu que as remunerações seriam reajustadas automaticamente pela variação acumulada do Índice de Preços ao Consumidor (IPC), sempre que a acumulação atingisse 20%. Com esta nova legislação, criou-se o denominado "gatilho salarial".

Mais tarde, em fevereiro de 1988, a mencionada lei foi revogada pela Lei Complementar n° 535/1988, que extinguiu os gatilhos salariais. No período de vigência da aludida lei, o pagamento desses gatilhos se deu com grande atraso, causando prejuízos enormes aos funcionários públicos num período em que a inflação anual era de três dígitos.

Para resguardar os direitos dos servidores, acionamos o Poder Judiciário para que eles pudessem receber os gatilhos salariais a partir de julho de 1987 até a entrada em vigor da Lei Complementar n° 535/88. Exigimos também pagamento de correção monetária com base na diferença entre os meses em que os salários deveriam ter sido pagos e os meses em que o pagamento efetivamente ocorreu.

Felizmente, o direito do servidor que se valeu do Poder Judiciário foi assegurado. A tese do Gatilho Salarial foi vencedora na quase totalidade de ações, beneficiando milhares de servidores públicos do Estado de São Paulo.

Aposentados do Banespa

Fundado em 14 de junho de 1909, o Banespa (Banco do Estado de São Paulo) foi privatizado em novembro do ano 2000, comprado pelo banco Santander. Uma das ações que a Advocacia Sandoval Filho patrocinou envolveu a previdência complementar de funcionários do então Banespa.

Para compreender o que se passou é preciso recuar no tempo. No dia 11 de novembro de 1985, foi criado o Banesprev, o Fundo Banespa de Seguridade Social, com a finalidade de oferecer complementação de aposentadoria para os funcionários da instituição. Mas havia uma condição: essa complementação só valeria para os funcionários admitidos depois de 23 de maio de 1975.

Os funcionários admitidos antes de 1975 sentiram-se lesados em seus direitos, já que não havia razões para diferenciar um funcionário do outro, uma vez que ambos faziam parte da mesma instituição. Mais do que isso, a Constituição Federal e a Constituição do Estado de São Paulo não admitem essa distinção. Assumimos a defesa jurídica desses banespianos e obtivemos para eles vitórias sucessivas nos tribunais, superando esse flagrante de evidente injustiça.

Pontos de evolução funcional

A Lei Complementar nº 180/78 introduziu na administração de pessoal mecanismos de avaliação profissional e de compensação salarial aos servidores. Criou também um sistema de pontos, que eram adquiridos através do tempo de serviço prestado. A partir da vigência desta lei, o direito funcional anterior passou a ser contado em número de pontos no tocante ao enquadramento, às promoções e demais vantagens.

Esse regime seguiu assim até o advento da Lei Complementar nº 241/81, que aumentou nominalmente apenas os vencimentos, mas excluiu, para fins de enquadramento, os pontos de evolução funcional obtidos antes de 1º de março de 1978. Por conta disso, ficaram congelados os pontos de evolução funcional dos funcionários que constavam em prontuário — o que estava em total desacordo em relação às normas que regulavam a matéria. Ao não aproveitar esses pontos para fins de reenquadramento funcional, o estado gerou severos prejuízos financeiros aos servidores, principalmente aos mais antigos, que tiveram seus vencimentos achatados e igualados ao dos servidores recém-ingressados.

Diante dessa situação, passamos a patrocinar ações judiciais objetivando a restituição dos pontos usurpados, especialmente aqueles constantes do prontuário, bem como a revisão dos enquadramentos funcionais, com o consequente reflexo remuneratório. Até por volta de 1982, o Tribunal de Justiça vinha rechaçando sistematicamente ações semelhantes, nas quais grande parte de servidores, das mais diversas secretarias, pleiteavam o aproveitamento de pontos obtidos antes do advento da LC nº 247/81.

Contudo, quando a referida questão parecia superada e fadada à improcedência, ocorreram algumas alterações legislativas que reabriram a discussão sobre o tema. Novas ações voltaram a ser ajuizadas por nós, algumas julgadas procedentes, outras não.

Houve, no entanto, uma reviravolta na jurisprudência. No dia 4 de dezembro de 1987, a Primeira Turma Especial de Uniformização de Jurisprudência do Tribunal de Justiça de São Paulo, no julgamento do Incidente de Uniformização de Jurisprudência nº 83.672-I, decidiu a questão de forma favorável ao servidor público.

Fator de Atualização Monetária (FAM)

No período compreendido entre os anos de 1984 até 1994, os altos índices de inflação corroíam os salários dos empregados e os vencimentos dos servidores públicos. No caso dos servidores, a administração decidiu criar o Fator de Atualização Monetária

(FAM), com a finalidade de corrigir monetariamente os pagamentos relativos às substituições e aos cargos de chefia, além das demais vantagens.

Desta forma, a FAM seria paga em duas parcelas, sendo a primeira correspondente ao período quinquenal de 1984 a 1989, enquanto a segunda equivalia ao ano de 1989, estendendo-se até 1994. Cumprida a primeira etapa, qual seja, a quitação do primeiro quinquênio, o mesmo não ocorreu com relação ao segundo período, compreendido entre 1989 e 1994. Diante da suspensão do pagamento do resíduo de correção monetária pendente, houve a lesão ao direito dos servidores do Tribunal de Justiça de São Paulo.

Em vista disso, a Advocacia ajuizou ações em favor dos servidores públicos do Tribunal de Justiça de São Paulo, objetivando o recebimento de valores de atualização monetária de seus vencimentos ou proventos, relativamente ao período de 1989 a 1994, que havia sido interrompido sem qualquer justificativa.

Como resultado, esses servidores, que triunfaram nos processos, tiveram reconhecido pelo Poder Judiciário seu direito ao recebimento da segunda parcela da FAM.

Adicionais temporais

O servidor público do Estado de São Paulo tem direito, após cada período de cinco anos, a um adicional por tempo de serviço, de 5% sobre a remuneração. Depois de 20 anos de efetivo exercício, ele tem direito também à sexta-parte dos vencimentos integrais.

Sem dúvida, o ponto mais relevante acerca desses adicionais, que podem ser enquadrados no gênero "adicionais temporais", é que o Estado de São Paulo, ao fazer os cálculos para pagamento, não leva em conta o que determina a própria Constituição do Estado de São Paulo, em seu artigo 129.

A administração pública estadual inclui na base de cálculo do adicional por tempo de serviço (os quinquênios) apenas o salário-base. No cálculo da sexta-parte é levado em consideração apenas o salário-base acrescido dos quinquênios.

Contudo, o artigo 129 da Constituição estadual determina que ambos os acréscimos sejam pagos sobre os "vencimentos integrais", o que deve ser entendido como todas aquelas rubricas que o servidor mensalmente recebe de forma habitual (gratificações, adicionais, prêmios etc.), com a exclusão apenas de verbas eventuais, como restituição de imposto de renda, auxílios etc.

Trata-se de uma das ações mais amplas, já que pode ser ajuizada por quase todos os servidores públicos do Estado de São Paulo. Todo servidor que completa cinco anos de efetivo exercício passa a receber um adicional por tempo de serviço (também denominado "**quinquênio**"). Quando completa 10 anos, passa a receber dois quinquênios e assim sucessivamente. Já a **sexta-parte** é paga a partir do momento em que o servidor completa 20 anos de efetivo exercício.

Ambas as ações (recálculo dos quinquênios e sexta-parte) são muito emblemáticas, seja pela abrangência ou pelo fato de a Advocacia Sandoval Filho ter sido um dos primeiros escritórios a patrociná-las.

É importante destacar também que, no início, a jurisprudência (conjunto de decisões judiciais em um mesmo sentido) sobre o tema era desfavorável. Por meio de muitos recursos, argumentos, despachos com juízes, entrega de memoriais a desembargadores, conseguimos reverter tal situação.

Com o passar dos anos, um dos nossos processos foi selecionado pelo Tribunal de Justiça de São Paulo (TJSP) para unificar a jurisprudência sobre o tema. Trata-se da Assunção de Competência na Apelação n° 844.381.5/0-00 (0155551-95.2008.8.26.0000), julgada em 02/10/2009.

Ficou decidido pelo TJSP que "o adicional temporal, quinquênio, em relação aos servidores inativos, incide sobre todas as verbas, salvo, por evidente, aquelas que ostentarem o mesmo fundamento o que, na hipótese, do Estado de São Paulo atine tão-só a sexta-parte, em conformidade com o comando constitucional vigente, que nega a dupla incidência".

A ação dos quinquênios, a mais ajuizada em toda a história da Advocacia Sandoval Filho, é patrocinada desde 2004 até os dias de hoje. Milhares de servidores foram defendidos por nosso escritório nessa ação.

A ação de recálculo da sexta-parte, por sua vez, é a mais longeva da Advocacia, patrocinada desde 1994 até os dias de hoje. Milhares de ações foram ajuizadas e inúmeros servidores foram defendidos pela Advocacia nessa ação.

Além dos recálculos, fizemos a defesa daqueles servidores que, em desacordo com o que assegura a Constituição Estadual, não estavam recebendo a sexta-parte ou o adicional por tempo de serviço, por serem celetistas, contratados pela Lei Complementar Estadual n° 500/74, por serem professores temporários ou servidores da Fundação Casa.

Ações foram ajuizadas para que esses servidores passassem a receber esses adicionais temporais, já que o artigo 129 da Constituição Estadual não distingue o tipo de servidor ou seu regime de contratação. Ou seja, o que vale para os estatutários vale também para os contratados sob outro regime, como a Consolidação das Leis do Trabalho e a Lei n° 500.

Foram julgadas procedentes, em sua grande maioria, as ações citadas neste tópico. Elas foram patrocinadas pela Advocacia Sandoval Filho e beneficiaram milhares de servidores públicos.

Gratificações por paridade

Outra tese de grande relevo foi a da extensão do pagamento, aos servidores aposentados e aos pensionistas, de gratificações de caráter geral que lhes são sonegadas pelo estado. O Executivo negava a esses dois grupos direitos que reconhecia aos servidores da ativa, o que contrariava a redação constitucional vigente até a edição da Emenda Constitucional n° 41/2003.

A Constituição Federal assegurava a paridade remuneratória entre o servidor público em atividade no serviço público e aquele aposentado, bem como aos pensionistas. Isso significa que todo aumento salarial concedido ao servidor em atividade devia ser concedido também aos servidores aposentados e pensionistas da mesma categoria.

A redação constitucional não deixa margem a dúvidas. Extrai-se da leitura do artigo 40, § 8º, da Constituição da República (com a redação conferida pela EC 20/98), combinado com o artigo 7º da EC nº 41/2003, de forma clara, que todas as vantagens de caráter geral que importem em aumento de vencimentos dos servidores em atividade devem ser, automaticamente, estendidas aos servidores que se encontram na inatividade.

Entretanto, como mais uma forma de burlar essa paridade assegurada pelo texto constitucional, os entes federativos passaram a criar gratificações, prêmios, adicionais, acréscimos pecuniários no geral, dentre as mais diversas nomenclaturas, como uma forma de conceder um aumento salarial camuflado aos servidores em atividade, em detrimento dos inativos.

Foram anos de luta, com a finalidade de ver reconhecido pelo Judiciário esse reajuste salarial disfarçado e a consequente condenação dos entes federativos ao seu pagamento também aos servidores aposentados e pensionistas.

Alguns exemplos que podem ser citados dentre as inúmeras ações que a Advocacia Sandoval Filho patrocinou com este mesmo fundamento jurídico em questão são:

√ Gratificação por Atividade no Magistério (GAM);

√ Gratificação por Trabalho Educacional (GTE);

√ Gratificação por Atividade Policial (GAP);

√ Gratificação por Atividade de Suporte Administrativo (GASA);

√ Gratificação de Assistência e Suporte à Saúde (GASS);

√ Gratificação de Suporte às Atividades Escolares (GSAE);

√ Gratificação de Suporte à Atividade Penitenciária (GSAP).

Outros casos de ações patrocinadas por nosso escritório com o mesmo fundamento jurídico incluem:

√ O Prêmio de Incentivo (Saúde);

√ O Prêmio de Incentivo à Qualidade (PIQ);

√ O Adicional Local de Exercício (ALE);

√ O Adicional Operacional Penitenciário (AOP);

√ A Gratificação de Função aos Professores e Secretários de Escola;

√ A Gratificação de Gestão Educacional (GGE);

√ O Prêmio de Desempenho Individual (PDI);

√ O Prêmio de Produtividade Médica (PPM);

√ A Gratificação por Regime de Dedicação Integral (GRDI);

√ O Adicional por Direção da Atividade de Polícia Judiciária (ADPJ);

√ O Prêmio de Incentivo Especial (PIE).

Mais uma vez foi possível uniformizar a jurisprudência com a edição da Súmula n° 31 pelo Tribunal de Justiça de São

Paulo, com o seguinte teor: "gratificações de caráter genérico, tais como GAP, GTE, GASS, GAM, incorporam-se aos vencimentos, proventos e pensões".

Nesse contexto, ganha relevo a atuação nos Incidentes de Resolução de Demanda Repetitivas da Gratificação de Gestão Educacional (Temas nº 10 e 42). Apesar de o processo afetado para uniformização não ter sido patrocinado pela Advocacia Sandoval Filho, houve forte atuação da nossa equipe nesta intervenção como terceiro interessado, em nome de nossos clientes.

Apresentamos manifestações no processo, memoriais, e despachamos com todos os desembargadores do Órgão do Tribunal de Justiça de São Paulo competente para o julgamento. Ao final, o aludido incidente foi julgado de forma favorável aos servidores, o que permitiu uniformizar o entendimento sobre o tema e fixar a tese jurídica que obrigatoriamente teve de ser seguida, inclusive nos processos futuros.

Obs.: Ressalte-se que a regra da paridade hoje não existe mais. Houve uma alteração na Constituição, por meio de emenda constitucional, que extinguiu esse direito, mas que o resguardou para aqueles servidores que ingressaram no serviço público antes da alteração.

Licença-prêmio e férias

Os servidores civis e militares do Estado de São Paulo, da administração direta e das autarquias, como prêmio de assiduidade e por razões de saúde pessoal e de produtividade, têm direito a 90 dias de licença a cada período de cinco anos de exercício, desde que não tenham faltado de forma injustificada ou sofrido qualquer penalidade administrativa.

É a chamada "licença-prêmio" assegurada aos servidores pelo Estatuto dos Funcionários Públicos Civis do Estado (Lei nº 10.261/68), em seu artigo 209. Após a concessão da licença, o servidor pode requerer o gozo da licença-prêmio ao superior imediato, por inteiro ou em parcelas não inferiores a 15 dias.

Ocorre que muitas vezes o servidor público acaba se aposentando sem usufruir determinado período (bloco) de licença-prêmio adquirido. Nessa hipótese, o servidor possui o direito a converter em dinheiro o período de licença-prêmio ou férias adquirido e não gozado.

Assim, seja qual for o cargo do servidor, ele terá de receber indenização em dinheiro quando passar à inatividade pelos períodos de licença-prêmio eventualmente não gozados. Se isso não acontecer, o estado poderá ser acusado de enriquecimento ilícito.

Mas, em algumas ocasiões, o estado se nega a indenizar o servidor aposentado pelo período de licença-prêmio não usufruído. Para fazer valer seu direito, o servidor deve ingressar com ação judicial para reverter essa situação, caso contrário o direito de ingressar com a ação estará prescrito. Ele precisa fazer isso antes de completar cinco anos de sua aposentadoria.

Da mesma forma, aquele servidor que se aposenta com férias não gozadas tem direito ao recebimento delas em dinheiro acrescidas de um terço, com fundamento na vedação do enriquecimento sem causa da Administração e na responsabilidade civil do estado.

Nesse sentido também entramos com inúmeras ações objetivando o recebimento de férias e licenças-prêmio não usufruídas em atividade no serviço público em nome de nossos clientes. Praticamente todas as ações patrocinadas foram julgadas procedentes.

Contribuição ao Iamspe e à Cruz Azul

Muitos dos servidores públicos têm mensalmente descontado em seus holerites um valor a título de contribuição ao Instituto de Assistência Médica ao Servidor Público Estadual (Iamspe) ou à Cruz Azul, que funcionam como entidades que oferecem seguro-saúde.

O desconto é compulsório, independentemente de contratação ou da utilização dos serviços de assistência médico-hospitalar. Além disso, não é dada aos servidores a opção de não mais contribuir.

Esse fato gerou indignação entre os servidores, seja por terem já um plano de saúde particular, por preferirem usar o Sistema Único de Saúde, ou simplesmente porque não queriam tais descontos.

Como a Administração se negava a cessar tais descontos, a Advocacia ajuizou ações em nome desses servidores para que houvesse a cessação de tais descontos, bem como a restituição dos valores indevidamente descontados.

Foram julgadas procedentes as ações na parte em que se buscava a cessação do desconto compulsório, mas não na parcela em que se pleiteava a restituição dos valores já descontados.

Aposentadoria especial com paridade

A aposentadoria especial é assim chamada porque seus requisitos são diferentes da aposentadoria regular. Ela é concedida, por exemplo, aos servidores públicos que exercem atividade que oferece risco à vida ou que seja desgastante sob o aspecto físico ou mental. Nestes casos, dependendo da carreira deste servidor, as exigências para se aposentar são menores em comparação aos requisitos da aposentadoria regular.

Contudo, no caso dos servidores da Polícia Civil e da Secretaria da Administração Penitenciária, o Estado de São Paulo não reconhece o direito à aposentadoria especial com paridade remuneratória. Diante disso, para ver assegurado esse direito constitucional da paridade também aos que se aposentam de forma especial, ajuizamos inúmeras ações judiciais visando a beneficiar esses servidores, para que seus proventos de aposentadoria fossem reajustados de acordo com a remuneração do servidor da ativa.

O entendimento sobre a matéria foi mais tarde pacificado em favor do servidor, como se colhe do decidido no Tema nº 21 de IRDR (Incidente de Resolução de Demandas Repetitivas), oportunidade em que foi fixada na seguinte tese jurídica:

> *Para os policiais civis que se encontravam em exercício na data da publicação da Emenda Constitucional nº 41/03, o cumprimento dos requisitos da Lei Complementar nº 51/85 assegura o direito à aposentadoria com proventos integrais, correspondentes à totalidade da remuneração do servidor no cargo efetivo em que se der a aposentadoria, e à paridade de reajustes destes, considerada a remuneração*

dos servidores em atividade, nos termos do parágrafo único do art. 6° e do art. 7° da referida Emenda Constitucional."

No mesmo sentido, seguiu pronunciamento do Supremo Tribunal Federal, ao julgar o Tema n° 1.019 de Repercussão Geral.

Cálculo do 13° salário e terço de férias

Os servidores da Secretaria da Saúde tiveram, e continuam a ter, seus direitos violados pelo Estado de São Paulo. Um dos aspectos atuais mais polêmicos dessa categoria diz respeito à não inclusão do Prêmio de Incentivo e de Plantões na base de cálculo do 13° salário e no terço de férias, em afronta ao que determina o artigo 7°, VIII e XVII, da Constituição Federal, que garante o pagamento do 13° salário e do terço de férias com base na remuneração integral do trabalhador.

O Estado de São Paulo, porém, em total descompasso com o que determina a norma constitucional, não inclui o valor pago a título de Prêmio de Incentivo e de Plantões na base de cálculo do 13° salário e no terço de férias, pagando ao servidor um valor menor do que o efetivamente devido.

Quase todo servidor da Secretaria da Saúde do Estado de São Paulo recebe o Prêmio de Incentivo. E todos os que o recebem não têm o seu valor computado no cálculo do 13° salário e no terço de férias. Diante disso, para fazer a defesa desses servidores, ajuizamos inúmeras ações, objetivando a correção dessa irregularidade.

O debate no entorno desses processos ganhou tamanha relevância, por conta da quantidade de ações no mesmo sentido, que o Tribunal de Justiça de São Paulo decidiu por afetar o tema para julgamento em IRDR (Tema n° 7).

Embora o processo afetado em si não fosse da Advocacia Sandoval Filho, atuamos de perto como terceiro interessado, em nome de nossos clientes, neste que foi um dos primeiros IRDRs do Tribunal de São Paulo.

No fim, o tema foi julgado de forma favorável ao servidor público, oportunidade em que ficou uniformizado o entendimento sobre o tema.

Décimos do Artigo 133 da Constituição Federal

Outro tema que gerou controvérsias no âmbito do serviço público do Estado de São Paulo é o pagamento dos décimos incorporados na forma do atualmente revogado artigo 133 da Constituição Estadual, que possuía o seguinte teor:

> *Artigo 133 - O servidor, com mais de cinco anos de efetivo exercício, que tenha exercido ou venha a exercer cargo ou função que lhe proporcione remuneração superior à do cargo de que seja titular, ou função para a qual foi admitido, incorporará um décimo dessa diferença, por ano, até o limite de dez décimos.*

O Estado de São Paulo, por vezes, cometia três tipos diferentes de ilegalidades em relação ao direito daquele servidor que vinha exercer cargo ou função de maior remuneração. Com o passar do tempo, o Executivo reduzia o valor dos décimos incorporados. Em determinadas situações, suprimia um ou mais décimos já incorporados, chegando até mesmo a deixar de pagar o acréscimo em questão. E, por fim, calculava a verba de forma não prevista na Constituição Estadual, em prejuízo do servidor.

Ocorrida alguma das três situações elencadas, buscávamos defender em juízo esses servidores, para que fossem respeitados a norma constitucional e o direito deles, pleiteando, conforme o caso, a impossibilidade de redução do valor pago, a ilegalidade na supressão de décimos já incorporados e o recálculo com base na diferença remuneratória entre os cargos.

As duas primeiras teses não tiveram, em sua maioria, a acolhida do Judiciário, tendo sido pacificado o entendimento de que pode haver a redução do valor dos décimos do artigo 133 e até mesmo supressão de décimos, conforme se observa do definido na tese jurídica firmada pelo Tribunal de Justiça de São Paulo no Tema n° 22 de IRDR.

A terceira, por sua vez, não foi abarcada pelo aludido tema de IRDR, e continua sendo objeto de controvérsia no Poder Judiciário, tendo prevalecido ultimamente posicionamento favorável ao servidor, principalmente nos casos em que se pretende o recálculo dos décimos com o fim de ver o Prêmio de Incentivo incluído na base de cálculo.

Reenquadramento de servidores

Todos os servidores que têm a sua carreira dividida por níveis e estão há menos de cinco anos em determinado nível alcançado por meio de promoção acabam, quando da aposentadoria, sendo rebaixados ao nível inferior ao conquistado. No entanto, o que a Constituição exige é ao menos cinco anos no cargo quando se dá a aposentadoria, e não especificamente no nível do cargo.

Diante disso, ajuizamos ações com o objetivo de pleitear o correto nível de enquadramento na aposentadoria para servidores públicos que se aposentaram em carreiras com cargos divididos em níveis (como, por exemplo, os agentes de segurança penitenciária e os pesquisadores científicos), em razão da não observância pela Administração Pública do "lapso temporal de cinco anos no cargo efetivo", conforme estabelecido no artigo 40, parágrafo 1º, inciso III, da CF.

Recentemente, o Supremo Tribunal Federal uniformizou a jurisprudência acerca da matéria, dando razão aos servidores, por meio do julgamento do Tema nº 1.207 de Repercussão Geral.

De uma forma um pouco diferente, tal conduta foi também adotada pela Administração Pública ao reestruturar a carreira de médico por meio da Lei Complementar nº 1.193/2013. Esta lei fez retroceder à classe inicial da carreira os médicos aposentados que já tinham obtido promoções ao longo de toda a vida funcional. Eles foram reenquadrados como "Médico I".

Posteriormente, com a promulgação da Lei Complementar Estadual nº 1.239, de 7 de abril de 2014, houve a alteração da Lei Complementar nº 1.193/2013. Uma dessas alterações possibilitou a promoção dos médicos em atividade com base, exclusivamente, no critério objetivo de tempo de serviço. Ou seja, o único requisito para ser promovido de Médico I para Médico II ou III passou a ser, respectivamente, 10 e 20 anos de efetivo exercício na classe.

Em defesa desses médicos aposentados, a Equipe Jurídica da Advocacia Sandoval Filho desenvolveu uma tese em que se pleiteava a promoção ou o reenquadramento deles, em igualdade de condições com os servidores da ativa, levando em consideração o período de efetivo tempo de serviço na classe até a data da inativação.

Fomos pioneiros na proposição dessa tese, voltada especificamente aos médicos, e também um dos únicos escritórios a patrociná-la. Na maioria dos casos, esses servidores médicos têm obtido êxito, sendo a eles estendido o decidido pelo STF no Tema nº 439 de Repercussão Geral.

Outro reenquadramento, este advindo da Lei Complementar nº 1.080/2008, prejudicou muitos servidores da "área meio", rebaixando-os à referência e ao grau iniciais da carreira. Como forma de combater essa injustiça, defendemos também esses servidores em juízo.

Seguindo o mesmo *modus operandi*, a administração paulista, por meio da Lei Complementar nº 1.122/2010, reestruturou a carreira dos servidores públicos do Estado de São Paulo vinculados à Secretaria da Fazenda e os enquadrou no nível inicial da carreira, qual seja: referência "I", grau "A".

Mais tarde, com a promulgação da Lei Complementar Estadual nº 1.251/2014, houve a alteração da Lei Complementar nº 1.122/2010. Uma das alterações possibilitou a progressão automática do grau "A" ao grau "B" com base, exclusivamente, em um único requisito relacionado com o tempo de serviço do servidor público, qual seja, o servidor precisaria estar confirmado no cargo de provimento efetivo. Para que um servidor seja confirmado no cargo de provimento efetivo, é necessário que ele tenha ultrapassado o período de estágio probatório, que é aquele relativo aos três primeiros anos de efetivo exercício no cargo público.

A partir da data em que a Lei Complementar Estadual n° 1.251/2014 passou a produzir efeitos, a mencionada progressão do grau "A" para o "B" foi imediatamente concedida aos servidores da ativa, em detrimento dos inativos e dos pensionistas que também já haviam cumprido o requisito em questão. Ou seja, os servidores aposentados e os pensionistas de ex-servidores, mesmo com três anos ou mais de efetivo exercício, não tiveram considerado o efetivo tempo de serviço prestado para fins de progressão ao grau "B", permanecendo no nível inicial da carreira, em desigualdade de condições com os servidores da ativa.

Assim, restou aos servidores aposentados e aos pensionistas da Secretaria da Fazenda do Estado de São Paulo recorrer ao Poder Judiciário por meio da Advocacia Sandoval Filho para superar essa irregularidade.

Abono de Permanência

O Abono de Permanência é um direito instituído pela Emenda Constitucional n° 41, de 19 de dezembro de 2003, que incluiu o § 19, no artigo 40 da Constituição Federal. Ele é direcionado exclusivamente aos servidores públicos que completaram as exigências para a aposentadoria voluntária, mas que optaram por permanecer em atividade.

Como o próprio nome diz, ele se constitui em um abono

destinado àquele servidor que, mesmo tendo o direito à aposentadoria voluntária, continua em atividade. Trata-se, portanto, de um incentivo para que o servidor continue trabalhando.

O valor deste abono representa exatamente o da contribuição previdenciária mensal, ou seja, 11% dos vencimentos. O que acaba por caracterizá-lo como um reembolso dessa contribuição mensal.

O recebimento desse Abono de Permanência subsiste até o momento da formalização do pedido de aposentadoria voluntária, se houver, ou até a concessão de aposentadoria por invalidez. Não ocorrendo nenhuma dessas duas hipóteses, o pagamento do abono se dará até o momento em que o servidor completar as exigências para a aposentadoria compulsória.

Ocorre que, apesar de constitucionalmente assegurado, a Administração somente o pagava a partir de requerimento pessoal do servidor público. O texto constitucional era claro e não trazia imposição alguma de formulação de pedido administrativo para o recebimento do abono. Além disso, a norma inscrita no artigo 40, § 19º, da Constituição Federal, antes da alteração por meio da EC 103/19, era de eficácia imediata, autoaplicável, não sendo necessário, portanto, regulamentação para sua concessão.

Mereciam ainda mais atenção as carreiras ou os cargos que possuíam critérios diferenciados para a concessão de aposentadoria voluntária, como, por exemplo, os integrantes das carreiras policiais, já que não lhes era exigido, desde que tivessem ingressado antes de 19 de dezembro de 2003, o requisito da idade para a concessão da aposentadoria voluntária.

Dessa forma, tendo em vista o legítimo direito de os servidores receberem o Abono de Permanência a partir do cumprimento das exigências de aposentadoria voluntária, a Advocacia patrocinou ações judiciais nesse sentido para os seus clientes. **Praticamente todas as ações foram julgadas procedentes, beneficiando os clientes que nos outorgaram as suas procurações.**

Teto remuneratório

A acumulação de cargos por servidores públicos é autorizada pela Constituição Federal para alguns cargos específicos, desde que haja compatibilidade de horários e observância do teto remuneratório. O serviço público paulista, inclusive, conta com diversos servidores que acumulam cargos.

Entretanto, nos casos em que isso ocorre, o Estado de São Paulo aplica o teto remuneratório previsto na Constituição Federal de forma equivocada, em prejuízo dos servidores. O Estado de São Paulo aplica o redutor remuneratório previsto no artigo 37, XI, da Constituição Federal sobre a soma das remunerações dos cargos cumulados, causando sérios prejuízos financeiros aos seus servidores, em razão da expressiva redução de suas remunerações.

O correto, nos casos de cumulação de cargos, é que o teto e respectivo redutor incidam individualmente sobre cada uma das remunerações, e não sobre a soma delas.

Em harmonia com esse entendimento, defendido pela Advocacia Sandoval Filho, o Plenário do Supremo Tribunal Federal, nos julgamentos dos Recursos Extraordinários 612975/MT e 602043/MT, Temas de Repercussão Geral nº 377 e 384, fixou tese jurídica em favor dos servidores públicos.

À luz desse entendimento, que ao longo do tempo foi respaldado pelo Supremo Tribunal Federal, é que a Advocacia patrocinou ações para seus clientes que acumulavam cargos e sofriam o prejuízo relatado. **Praticamente todas as ações foram julgadas procedentes pelo Poder Judiciário.**

Adicional de Qualificação

O Adicional de Qualificação foi instituído em benefício dos servidores públicos do Tribunal de Justiça de São Paulo que adquiriram conhecimentos adicionais aos exigidos para ingresso no cargo efetivo.

A lei instituidora do adicional passou a produzir efeitos a partir de 1° de dezembro de 2013, mas o adicional só começou a ser pago em abril de 2015 e, além disso, numa base de cálculo equivocada, por considerar os vencimentos iniciais do cargo, e não os vencimentos brutos equivalentes à base de contribuição previdenciária em que o servidor estava em exercício, conforme dispõe a lei.

Deste modo, ante a flagrante violação dos direitos desses servidores do Tribunal de Justiça de São Paulo, pleiteamos judicialmente o reconhecimento do direito ao recebimento desse acréscimo pecuniário a partir de 1° de dezembro de 2013, ou desde que registrado o diploma ou certificado de graduação ou pós-graduação, se posterior a esta data, bem como o seu recálculo.

Diante da quantidade de processos sobre o tema, o Tribunal utilizou um processo da Advocacia Sandoval Filho para julgamento mediante a sistemática de IRDR. Trata-se do Tema n° 40 de IRDR, que teve presente atuação do nosso Escritório, por meio da apresentação de manifestações, memoriais, e contou inclusive com sustentação oral na defesa desses servidores.

O Tribunal de Justiça de São Paulo, ao final, apesar de reconhecer como adequado o termo inicial de pagamento requerido nessas ações, quanto à base de cálculo, concluiu que "deve incidir sobre o vencimento (padrão ou salário-base), incluindo-se os décimos constitucionais incorporados, do cargo exercido pelo servidor".

Havia dois pedidos envolvidos nessas ações. O primeiro deles, relativo ao termo inicial de recebimento do Adicional de Qualificação, foi acolhido na grande maioria das ações. Já a pretensão de recálculo não foi acolhida pelo Poder Judiciário.

Adicional de Insalubridade

O Adicional de Insalubridade foi criado como um benefício aos servidores que atuavam de forma permanente em unidades ou atividades consideradas insalubres. A Lei Complementar n° 432, de 18 de dezembro de 1985, disciplinou a matéria. Com o passar dos anos, algumas irregularidades foram observadas com relação a esse adicional. Nossa Equipe Jurídica identificou uma a uma dessas irregularidades que prejudicavam os funcionários públicos enquadrados nessa categoria e acionou o Poder Judiciário.

Inicialmente, o Estado passou a pagar o adicional de insalubridade calculado sobre dois salários-mínimos, com base no Decreto n° 25.492, de 14 de julho de 1986. Diante da existência de norma constitucional vedando a vinculação do salário-mínimo para qualquer fim, ajuizamos ações objetivando que o cálculo do valor desse adicional fosse feito com base em percentual incidente sobre toda a remuneração do servidor.

Em um segundo momento, a Administração passou a orientar seu Departamento de Recursos Humanos a congelar o valor do adicional, utilizando como base de cálculo o salário-mínimo de 2009. Para isso, baixou o Comunicado U.C.R.H n. 04/2010 e fundamentou sua conduta na Súmula Vinculante n° 4 do Supremo Tribunal Federal, editada em 09 de maio de 2008. Em razão disso, entramos com ações para exigir do Estado o pagamento do valor referente às diferenças devidas entre janeiro de 2010 e fevereiro de 2011, período em que o adicional de insalubridade teve sua base de cálculo congelada.

Outra irregularidade envolveu os servidores recém-ingressados. Em relação a esse grupo, o estado passou a pagar o adicional de insalubridade tão somente a partir da data da homologação do laudo de insalubridade. Na verdade, a lei determina que é direito do servidor o recebimento da verba em questão desde a data em que ele iniciou as atividades em condições insalubres.

Tendo em vista a abrangência do tema e a consequente quantidade de ações sobre a mesma matéria, o Tribunal de Justiça de São Paulo, com o fim de uniformizar os julgados, fixou as seguintes teses jurídicas no julgamento do Tema n° 36 de IRDR:

> *1. A tese fixada no PUIL n° 413-RS, STJ, que analisou a legislação federal aplicável a servidor civil, não tem aplicação aos policiais militares deste Estado, regidos por lei estadual, prevalecendo a jurisprudência consolidada de que o pagamento tem início após a comprovação da*

insalubridade em laudo pericial ou documento equivalente, mas retroagindo ao início da atividade insalubre.

2. Não é devido o pagamento de adicional de insalubridade aos policiais militares durante o Curso de Formação voltado à capacitação e treinamento dos ingressos na carreira, dada a natureza acadêmica e de treinamento das atividades então desempenhadas.

A grande maioria dessas ações foi julgada procedente pela Justiça, em decisões que beneficiaram os clientes envolvidos.

Execuções individuais de ações coletivas

Houve situações em que a Advocacia Sandoval Filho atuou na fase de execução dos processos. Diversas associações, sindicatos e até mesmo o Ministério Público, ao identificar irregularidades na remuneração ou outro direito dos servidores, ajuízam ações coletivas, em nome da categoria, visando ao reconhecimento de determinado direito.

Algumas dessas ações coletivas trataram de temas como:

√ Bônus Mérito para os professores;

√ Prêmio de Produtividade – Bolão dos pensionistas de agentes fiscais de rendas;

√ Recálculo dos adicionais temporais (quinquênios e sexta-parte) para diversas categorias;

√ Adicional Local de Exercício (ALE) para policiais;

√ Inclusão do Prêmio de Incentivo à Qualidade (PIQ) no 13º para os servidores da Secretaria da Fazenda;

√ Inclusão do Prêmio de Incentivo à Qualidade (PIQ) no cálculo dos adicionais temporais para os servidores da Secretaria da Fazenda;

√ Recebimento do valor integral do Prêmio de Incentivo à Qualidade (PIQ);

√ Complementação da pensão para os pensionistas da Fepasa.

Embora a primeira fase processual, denominada "fase de conhecimento", seja feita de forma coletiva, a segunda fase processual, denominada "fase de execução", tem de ser individualizada. Procurada por servidores beneficiados em ações coletivas, a Advocacia Sandoval Filho deu continuidade a esses processos em fase de execução até o efetivo recebimento dos valores, seja por precatório ou por Requisições de Pequeno Valor.

Pensão por morte

O pagamento de pensão por morte é um direito por vezes negligenciado pela Administração Pública. Em razão disso, nosso escritório patrocinou ações judiciais em favor dos pensionistas de servidores públicos, para que tivessem os seus direitos resguardados.

Um exemplo envolveu a Caixa Beneficente da Polícia Militar do Estado de São Paulo (CBPM), entidade de natureza autárquica, dotada de personalidade jurídica e de patrimônio próprios e vinculada à Secretaria de Estado dos Negócios da Segurança Pública.

Esta autarquia pagava aos pensionistas de policiais militares apenas 75% do valor total da remuneração do ex-servidor, quando a Constituição Federal determina o pagamento integral.

Para ver sanada essa irregularidade, a Advocacia, com fundamento na Constituição, defendeu em juízo esses pensionistas, para que tivessem assegurado o direito ao recebimento da pensão em sua integralidade.

Além dessa situação específica, a Advocacia Sandoval Filho também atuou em defesa de pensionistas de servidores públicos que tiveram a sua pensão por morte cancelada administrativamente pela São Paulo Previdência (SPPREV), ou que estavam sendo alvo de processos judiciais movidos pela SPPREV com o objetivo de cancelar o pagamento da pensão. A Advocacia Sandoval Filho defendeu a manutenção, a legalidade e a regularidade do benefício, com fundamento nas legislações estaduais e federais, além da própria Constituição Federal.

Dentre essas ações, destacam-se casos específicos de pensionistas. Alguns tinham direito ao recebimento da pensão até os 21 ou 25 anos de idade (ou, dependendo do caso, até a conclusão do curso superior – o que ocorresse primeiro).

Outro caso envolvia pensionistas idosos, com idade superior a 60 anos, que dependiam economicamente do servidor falecido e que foram designados como beneficiários por declaração de vontade expressa do servidor.

Nesta mesma situação enquadravam-se os pensionistas interditados e absolutamente incapazes para os atos da vida civil, também dependentes economicamente do servidor falecido.

Tais ações foram, em sua maioria, exitosas. Ao final, os pensionistas tiveram assegurado efetivamente o correto recebimento da pensão.

Pensionistas do antigo Ipesp

Outra ação que a Advocacia Sandoval Filho veio a patrocinar beneficiou os pensionistas do Instituto de Previdência do Estado de São Paulo (Ipesp).

O Poder Executivo pagava a esses pensionistas apenas 75% da remuneração integral dos servidores da ativa, o que contrariava e contraria a Constituição Federal e do Estado de São Paulo. Ingressamos com essa ação, em nome de inúmeros pensionistas, e obtivemos sucessivas vitórias.

Os pensionistas passaram então a receber remuneração igual à dos servidores da ativa, além dos atrasados. Ressalte-se que esse direito estava previsto na Constituição do Estado de São Paulo e as ações por ele motivadas foram patrocinadas por muitos advogados e escritórios de advocacia, além de departamentos jurídicos de entidades de classe.

Restituição do Imposto de Renda

O recebimento do precatório ou da Requisição de Pequeno Valor (RPVs) nem sempre esgota a batalha dos servidores públicos. Muitas vezes, foram equivocados os parâmetros utilizados para a retenção na fonte do imposto de renda desses precatórios e RPVs. A Administração Pública, além de fazer incidir o IR sobre os juros, utilizou como base de cálculo o montante total acumulado para fins de aplicação da alíquota do tributo, e não o valor relativo a cada parcela mensal, implicando prejuízos aos servidores.

Como as ações anteriores, que deram origem aos pagamentos de precatórios e RPVs, englobavam valores acumulados decorrentes de pagamentos incorretos realizados mensalmente pela Fazenda do Estado de São Paulo, cada uma das parcelas mensais deveria ter sido considerada individualmente, mediante uma análise da incidência ou não do imposto de renda na fonte, mês a mês, e de acordo com a tabela progressiva vigente à época pertinente para cada montante mensal. Entretanto, não era dessa forma que a Administração procedia.

Com o intuito de ver restituídos esses valores indevidamente descontados a título de imposto de renda, a Advocacia Sandoval Filho acionou o Poder Judiciário para garantir o direito dos servidores à restituição do indébito tributário, tendo saído vitoriosa quase na integralidade desses processos.

6

Afinal, o que é precatório?

Vamos explicar aqui o que é precatório e suas características, detalhando um pouco as informações já apresentadas.

Quando a Justiça julga procedente uma ação, em sentença definitiva, tem início uma nova etapa, chamada de fase de execução, ao final da qual o credor recebe em sua conta o que lhe é devido.

O caminho para receber esses valores é mais curto e rápido para aqueles que se enquadram nos limites das RPVs (Requisições de Pequeno Valor), que em maio de 2024 eram de R$ 15.565,99. Ou seja, se o credor tem até esse valor para receber, ele deverá ter esse recurso na sua conta em cerca de 90 dias.

Caso parecido acontece com os credores prioritários. Quem são eles? São pessoas com 60 anos ou mais ou que têm doenças graves ou deficiência, definidas por regras legais específicas. Quem se enquadrar em uma dessas três categorias recebe o seu crédito mais rapidamente. Em 2024, os credores prioritários estão recebendo em dia os valores que lhes cabem. É a primeira vez que isso acontece.

Resta aos demais credores entrar na fila dos precatórios. O Estado de São Paulo está pagando em 2024 o que deveria ter sido pago no ano de 2011. São 13 anos de atraso.

O precatório é uma espécie de ordem de pagamento. Ele resulta de um processo judicial que passou por todas as instâncias e foi julgado em definitivo – "transitou em julgado", como se diz no jargão jurídico.

Quando um órgão público (municípios, estados, autarquias ou a União) é o perdedor da ação e tem a obrigação de pagar, o processo resulta na expedição de um precatório, ou seja, de uma ordem de pagamento.

Os precatórios surgiram como um mecanismo que visava a contribuir com a gestão racional do orçamento dos municípios, estados e da União. Como se sabe, os entes federativos programam no ano anterior o orçamento do ano seguinte. Receitas e despesas devem ser fixadas o mais próximo possível da realidade para que as finanças fiquem bem organizadas.

Ao criar o instituto do precatório, o legislador teve, portanto, a intenção de apoiar os governos na gestão de seus respectivos orçamentos. O objetivo era dar aos gestores uma previsão das dívidas que teriam de honrar no ano seguinte.

A primeira vez em que o precatório entrou na legislação brasileira foi por meio do Decreto nº 3.084, de 5 de novembro de 1898. Não houve, no entanto, a preocupação em fixar uma ordem cronológica para os pagamentos. O resultado é que os "amigos do poder" tinham prioridade no recebimento desses créditos.

Esta situação perdurou por mais de 30 anos – até a Constituição de 1934. Depois disso, ficou estabelecida a obrigatoriedade de respeito à ordem de apresentação dos débitos, preservando-se assim a isonomia entre os credores.

Até 2020, os governos tinham 18 meses para pagar precatórios. Os precatórios inscritos no orçamento até 31 de julho de um determinado ano deveriam ser pagos até dezembro do ano subsequente. Com a Emenda Constitucional nº 114, de 2021, o prazo de inclusão orçamentária foi antecipado para 2 de abril. Os gestores públicos ganharam mais três meses de prazo.

Se a intenção do legislador ao criar o instituto do precatório foi proteger o orçamento público, a ação dos governantes deturpou bastante esse propósito original.

Houve um período, como vimos aqui, em que os gestores pagavam só o valor original do precatório, sem contar a inflação havida entre a inscrição do precatório no orçamento e sua efetiva liquidação. Com isso, se a dívida original era 100 (de qualquer unidade monetária), o credor recebia, de fato, uma fração desse valor ao final.

A forma mais comum de contornar a intenção do legislador foi, simplesmente, a de empurrar a dívida para a frente, deixando a conta para os futuros governantes. Alguns gestores tinham a desfaçatez de considerar que a dívida "não era sua" e que, por consequência, não deveria ser paga.

Trata-se de evidente desconhecimento ou inobservância de princípios republicanos e constitucionais. Os entes federativos (municípios, estados e a União) transcendem em muito a figura de seus incumbentes. É dever dos gestores respeitar a lei e acatar decisões judiciais, como é o caso do pagamento de precatórios e de outras dívidas estabelecidas pelo Poder Judiciário. Quando não o fazem estão descumprindo decisões do Poder Judiciário.

Precatórios alimentares e não alimentares

Os precatórios podem ser de natureza alimentar quando resultam de ações envolvendo o pagamento de salários, pensões, aposentadorias, indenizações etc. Os titulares dos créditos são em geral servidores públicos da ativa, aposentados ou pensionistas. A justificativa para o nome "precatórios alimentares" é simples. Trata-se de recursos destinados ao sustento de seus titulares.

Já os precatórios não alimentares decorrem de ações diversas, especialmente desapropriações de imóveis pelo Poder Público e recolhimentos de tributos. Os principais credores são empresas.

Outra distinção importante é que a Constituição Federal, em seu artigo 100, parágrafo 1º, define que os precatórios alimentares devem ser pagos com preferência sobre todos os demais débitos.

A despeito dessa regra constitucional, nem sempre essa prioridade foi e é obedecida. A Emenda Constitucional nº 30, do ano 2000, introduziu uma nova regra, que beneficiou sobremaneira os credores não alimentares em detrimento dos alimentares.

A citada emenda parcelou a dívida dos não alimentares em

10 anos. Caso os devedores não pagassem essas dívidas, poderiam ter suas rendas sequestradas. O resultado é que a 'fila andou' para os não alimentares. Eles receberam os seus décimos e os credores alimentares ficaram sem nada por quase uma década. Essa interrupção no pagamento foi uma causa adicional do crescimento da dívida com os credores alimentares.

Vale um registro adicional. A eficácia da Emenda n° 30 se deve essencialmente à medida legal prevista para punir a inadimplência por meio do sequestro de receitas dos entes devedores. Diante dessa ameaça potencial, os gestores públicos fizeram os pagamentos conforme as regras da emenda.

No caso dos precatórios alimentares, a medida legal prevista para punir os estados e municípios inadimplentes era, e ainda é, a Intervenção Federal. Trata-se de medida que produz forte impacto político e é evitada pelo Poder Judiciário. Os credores alimentares acabam por não dispor de uma medida eficaz que leve os devedores a fazer os pagamentos em conformidade com o que determina a lei.

Fizemos essa tentativa em 2001. Entramos com pedidos de Intervenção Federal no Estado de São Paulo – primeiro no Tribunal de Justiça (TJSP) e, na sequência, junto ao Supremo Tribunal Federal.

Contamos com a decisão unânime do TJSP em favor da intervenção. Já no Supremo, o único voto favorável foi o do ministro Marco Aurélio. O leitor pode obter mais detalhes sobre esse caso no capítulo 8 deste livro.

Ordem cronológica, prioritários, RPVs

A Constituição Federal determina que pessoas com 60 anos ou mais, com doenças graves ou com deficiência tenham prioridade no recebimento de créditos alimentares. Trata-se, sem dúvida, de medida que atende a um critério inequívoco de justiça.

No caso do Estado de São Paulo, até 2020 os credores prioritários não estavam sendo atendidos. A liberação de seus créditos às vezes levava anos para acontecer, quando o certo seria a liberação em até 90 dias.

Felizmente, o Tribunal de Justiça do Estado de São Paulo adotou medidas para superar esse atraso, especialmente a partir de 2022. As inúmeras medidas adotadas pelo TJSP permitiram zerar a fila dos prioritários em 2023. Com isso, o estado está em dia com o pagamento dos prioritários, o que é notícia excelente para todos esses credores.

Já no caso dos credores que estão na **ordem geral, ou ordem cronológica**, a situação é bem diferente. O Estado de São Paulo está pagando hoje os precatórios do orçamento do ano de 2010. São 13 anos de atraso, portanto. Houve, sem dúvida, desde 2022, uma liberação muito grande de recursos, decorrente de ações adotadas pelo Tribunal de Justiça, como já relatamos aqui.

Já as **Requisições de Pequeno Valor** não são precatórios. Elas constituem um mecanismo criado em 2002 e implantado efetivamente no ano seguinte no Estado de São Paulo, pela Lei Estadual nº 11.377/2003. A intenção foi agilizar o pagamento dos credores que tinham a receber até 1.135 Unidades Fiscais do

Estado de São Paulo (UFESPs), o que correspondia em 2003 a 13 mil reais (o valor das RPVs em 2024 é de R$ 15.565,99). Outro objetivo era impedir que a fila de precatórios fosse engordada todos os anos por milhares de credores que tivessem pequenos créditos a receber.

O teto das RPVs correspondia a 1.135,285 UFESPs, equivalentes a R$ 30.119,20 no ano de 2019. Por decisão do governo paulista, aprovada pela Assembleia Legislativa do Estado em 2019, através da Lei Estadual nº 17.205/2019, esse teto caiu para 440,214851 UFESPs, equivalentes a R$ 11.678,90 naquele ano. Essa decisão trouxe consequências negativas para os credores e para o próprio Poder Público paulista, com o acúmulo da dívida com precatórios.

Milhares de credores dessas pequenas quantias não precisariam esperar muitos anos na fila dos precatórios. Eles receberiam os seus créditos em até 90 dias depois da expedição da requisição. Foi uma medida positiva, que representou um verdadeiro alívio para milhares de pequenos credores e, ao mesmo tempo, poupou tempo e trabalho por parte do Poder Judiciário.

"Sequestros humanitários"

Durante anos sucessivos, os titulares do governo paulista deixaram à míngua os credores de precatórios, pouco importando se eles estavam doentes, eram deficientes ou idosos. Para buscar minimizar essa situação, uma de nossas iniciativas foi recorrer aos chamados **"sequestros humanitários"**. Acionamos o Poder Judiciário no caso dos credores que atendiam a esses requisitos e que mereciam, portanto, pronta satisfação de seus pleitos.

Ao acolher tais demandas, as autoridades judiciais "sequestravam" parte das receitas do Estado que lhes permitissem pagar esses credores. Os pedidos de sequestros humanitários não se limitaram apenas ao Estado. Atingiram também autarquias públicas, como a Universidade de São Paulo (USP), o Departamento de Águas e Esgotos do Estado de São Paulo, a Universidade Estadual Paulista Júlio de Mesquita Filho (Unesp) e outras.

7

Por que a dívida com precatórios explodiu?

Desde o início da minha formação profissional, procurei prestar atenção à realidade vivida pelos servidores públicos do Estado de São Paulo. Havia neles muito desconforto em relação às suas carreiras. Sentiam-se desrespeitados. A lei dizia uma coisa, os gestores públicos entendiam e praticavam outra. Havia um claro descompasso entre a letra da lei e a prática levada adiante pelo estado no que se refere aos direitos e deveres dos servidores públicos.

Havia, também, a clara percepção por parte dos gestores públicos de que o descumprimento de regras legais que beneficiavam os servidores públicos não acarretaria nenhum prejuízo ao Erário, que eventuais derrotas na Justiça poderiam gerar débitos apenas para governantes no futuro. Ou seja, o governador de plantão não precisaria se preocupar com isso porque o prejuízo ficaria com os sucessores.

Conversando com servidores públicos, fui percebendo essa realidade que afetava praticamente todos eles no Estado de São Paulo, na ativa ou aposentados, que tinham direitos a receber não honrados pelo Poder Público.

Direitos que muitas vezes eram devidos a todos os servidores públicos estaduais eram pagos a uma só categoria profissional, em flagrante violação ao direito constitucional da igualdade de todos perante a lei. O desrespeito às determinações legais por parte do estado se dava, por motivos diversos, em prejuízo da grande maioria dos servidores públicos.

Debrucei-me sobre a realidade funcional de alguns servidores, identificando inúmeros casos de descumprimento da lei. Ingressamos com nossas primeiras ações judiciais, sob o olhar incrédulo de muitos. Havia uma percepção geral, bem difundida, de que, se houvesse vitória judicial, não haveria consequência econômica. Ou seja, o estado não pagaria o que eventualmente fosse determinado por decisão judicial definitiva.

Fui aos poucos transformando esse trabalho na razão de ser de minha vida profissional. Se não fôssemos nós, advogados, a defender o princípio da legalidade, quem poderia fazê-lo? Quem haveria de se solidarizar com os servidores públicos na defesa de seus direitos nas diversas instâncias judiciais? Diziam também que esses processos jamais teriam um fim. Afrontando essa descrença, entrei de corpo e alma nessa batalha que merecia e precisava ser travada.

Por conta talvez do meu temperamento, nunca hesitei em seguir adiante, mesmo diante de todas as dificuldades. Atribuo em parte essa perseverança às lições aprendidas nas Velhas Arcadas da Faculdade de Direito da USP, a São Francisco. Lá entendi que o Direito é para todos, que a lei vale para todos, que a prestação de serviços jurisdicionais deve ser assegurada a todos os cidadãos, que o Estado e o cidadão estão em pé de igualdade quando se colocam em polos opostos em um processo judicial — que o polo mais forte não pode se sobrepor ao outro, mais fraco.

E foi pensando assim que seguimos adiante, alcançando vitórias judiciais para milhares de servidores públicos. Tivemos, ao longo destas quatro últimas décadas, que adotar passos ousados, como os diversos pedidos de Intervenção Federal no Estado de São Paulo por conta do não pagamento dos precatórios. Todos esses pedidos foram aprovados em segunda instância pelo Tribunal de Justiça do Estado de São Paulo e remetidos para decisão final do Supremo Tribunal Federal.

Hiperinflação ocultou o 'calote'

O Brasil passou quase 40 anos com inflação de dois dígitos. Só houve inflação de um dígito em 1957 (6,96% ao ano) e depois em 1996 (9,56%), dois anos depois do início do Plano Real, que foi a 14ª tentativa de controlar a inflação. Nesse longo intervalo de quase quatro décadas (de 1958 a 1995), o país viveu anos de inflação alta ou mesmo de hiperinflação.

Dados do IBGE (Instituto Brasileiro de Geografia e Estatística), órgão que calcula o IPCA (Índice de Preços ao Consumidor Ampliado), indicam que entre 1980 e 1994 esse indicador chegou a um percentual acumulado acima de 13 bilhões — um número com 11 dígitos antes da vírgula.

A partir dos anos 1980, a inflação esteve quase sempre acima dos 100% ao ano, com picos de 242% em 1985 e de 1.972% em 1989. E foi exatamente nessa década que a dívida com precatórios mudou de patamar e cresceu vertiginosamente. Foi uma explosão silenciosa, de que poucos se deram conta à época.

É fácil explicar e entender o que aconteceu. Os governos daquele período, especialmente na segunda metade dos anos 1980, pagavam os precatórios pelo valor de face, não corrigido, 18 meses depois de sua inscrição na dívida pública.

Ou seja, depois que um processo se transformava em precatório e era inscrito no orçamento estadual até 31 de julho de um determinado ano, ele teria de ser pago até 31 de dezembro do ano seguinte.

Nesses 18 meses, a inflação poderia ser de 100%, 200%, 1.000%. O pagamento era feito com base no valor de 18 meses passados, sem correção pela inflação. O resultado é que o credor recebia um valor irrisório, uma parte ínfima do que deveria de fato receber. Para corrigir essa injustiça, nós, advogados, éramos obrigados a recorrer mais uma vez à Justiça para que o cliente tivesse direito ao ressarcimento da maior parte de seus créditos.

Era uma espiral sem fim. Precatório gerava outro precatório, o que inflacionava substancialmente a dívida do Estado de São Paulo com os seus credores. O Executivo paulista fingia que pagava a sua dívida. Mas o que fazia na verdade era criar uma bola de neve, deixando um 'esqueleto no armário' para as gestões subsequentes. Felizmente, no início da década de 1990, a atitude do governo paulista mudou. E os precatórios começaram a ser pagos de forma mais correta e num volume mais adequado ao estoque acumulado da dívida.

Mesmo assim, não havia uma política pública estável e duradoura para gerir o pagamento dos precatórios. Cada governo fazia essa gestão a seu modo. Introduziam-se regras novas. Alguns faziam negociações diretas com os advogados. Muitos mobilizavam suas bancadas no Congresso Nacional para introduzir novas regras legislativas.

Muitas dessas mudanças eram inconstitucionais, como a famosa Emenda Constitucional nº 30/2000, cuja consequência foi o pagamento dos precatórios não alimentares antes dos alimentares, numa clara afronta à regra constitucional que sustenta claramente a primazia dos precatórios alimentares em relação aos não alimentares.

Como já explicitado em outro trecho do livro, "alimentares" são os precatórios decorrentes de dívidas do Estado envolvendo salários (alimentos) de servidores públicos, da ativa ou aposentados. Já os precatórios não alimentares envolvem ações como desapropriações de imóveis rurais e urbanos por parte do Poder Público, entre outros. O propósito do legislador, ao diferenciar os dois tipos de precatórios, foi atribuir prioridade aos alimentares em relação aos não alimentares.

O resultado dessa Emenda nº 30 é que o governo paulista, durante 10 anos, inverteu a ordem, dando prioridade ao pagamento dos precatórios não alimentares, relegando migalhas aos credores alimentares. A justificativa das autoridades estaduais era a de que a citada Emenda previa o sequestro de receitas públicas em caso de inadimplemento. E não havia nenhuma punição no caso de inadimplência em relação aos precatórios alimentares — exceto a Intervenção Federal no estado, medida que muitos julgavam impossível de ser aprovada pelo Supremo Tribunal Federal.

Outras mudanças aprovadas pelo Congresso Nacional ocorreram quase sempre em favor dos entes federativos em detrimentos dos credores. O principal contraponto à atitude de prefeitos e governadores de adiar *sine die* o pagamento dos precatórios tem sido exercido por órgãos do Poder Judiciário, como o Tribunal de Justiça de São Paulo (TJSP), o Supremo Tribunal Federal (STF), e o Conselho Nacional de Justiça (CNJ), além da ação dos próprios credores e de seus advogados.

Cabe ressaltar ainda o papel ativo da Ordem dos Advogados do Brasil, especialmente da OAB São Paulo e da sua Comissão de Precatórios, no sentido de propor medidas para defender o interesse legítimo dos credores. Na mesma linha, tem sido igualmente louvável a atuação de entidades de advogados como o Madeca (Movimento dos Advogados em Defesa dos Credores Alimentares do Poder Público) e a Associação dos Advogados de São Paulo (AASP), além de organizações de caráter representativo e sindical ligadas aos servidores públicos.

Dívida é resultado de sucessivos adiamentos

Se o Poder Público brasileiro cumprisse rigorosamente a lei e pagasse o que o lhe é exigido, não haveria a dívida com precatórios. Acontece que a União, os estados, os municípios e outros órgãos públicos, com as exceções de praxe, não seguiram e não seguem os preceitos legais, não pagam o que é exigido por lei e acabam por criar um passivo cujo montante cresceu ao longo de várias décadas. São os chamados "precatórios".

E precatório nada mais é do que dívida oficial, líquida e certa, dos entes federativos para com servidores públicos, empresas e pessoas físicas. A figura jurídica do precatório dá ao devedor muito mais tempo para honrar a sua dívida do que o prazo legal para que empresas e pessoas físicas paguem os seus compromissos. Mesmo com esse tempo adicional, a União, os estados e municípios costumam ignorar esse passivo e seguem empurrando a dívida para os próximos gestores. Estes, por sua vez, pouco ou nada fazem, deixando a bola de neve crescer.

Dessa atitude, repetida por inúmeros presidentes, governadores e prefeitos, decorre o fato de estados como São Paulo, por exemplo, terem pago em 2023 dívidas com precatórios que deveriam ter sido honradas em 2010. Ou seja, 13 anos antes! Trata-se, como é de conhecimento público, do estado mais rico da Federação. Não há justificativa razoável para isso. Todas as desculpas não passam disso — de desculpas imotivadas, decorrentes da irresponsabilidade de gestores com o trato da coisa pública. E é um desrespeito, naturalmente, a todos os credores, especialmente aos funcionários públicos da ativa e aos aposentados que aguardam por décadas na fila dos precatórios.

Passivo oculto por décadas

É importante lembrar que o passivo com precatórios esteve rigorosamente oculto durante décadas, numa espécie de limbo. A hiperinflação que desorganizou o País, especialmente durante as décadas de 1970, 1980 até 1994, quando da implementação do

Plano Real, fornecia uma espécie de biombo perfeito para ocultar o volume dessa dívida. Estados, municípios e autarquias pagavam os precatórios pelo valor de face, ou seja, sem levar em conta a desvalorização da moeda, sem incorporar a correção monetária.

Por conta disso, um servidor público que tivesse, por hipótese, 100 unidades monetárias para receber no início do processo receberia ao final uma parcela irrisória do valor original. Para obter a complementação, em valores atualizados, seria necessário ingressar com nova ação na Justiça, esperar a conclusão final do processo e receber lá na frente, muito tempo depois de iniciado o primeiro processo — algo rigorosamente kafkiano.

Muitos de nossos clientes, infelizmente, não viveram para assistir à vitória final de seus pleitos, cabendo aos seus sucessores os valores remanescentes do processo.

Outro aspecto deplorável desse fenômeno é que boa parte dos precatórios resulta do descumprimento elementar de regras legais que protegem os servidores públicos. A União, o próprio estado ou o município deixa muitas vezes de cumprir a lei. É comum acontecer que regras de remuneração, fixadas em lei ou inscritas na própria Constituição, sejam descumpridas pelo Poder Público de forma acintosa.

Por que isso acontece? A suposição que fazemos muitos de nós, advogados de credores, é que os gestores sempre apostaram que poucos funcionários públicos bateriam às portas dos tribunais para reivindicar os seus direitos. Ou seja, poucos receberiam a remuneração adequada, tal como fixada em lei. A maioria dos servidores seria mantida com a sua remuneração a menor. E, por consequência, o estado desembolsaria menos recursos com o funcionalismo público.

Isso de fato aconteceu por um bom tempo, especialmente na década de 1970 até meados da década de 1980. Havia entre os servidores públicos um misto de medo e inibição que os fazia pensar bastante antes de ingressar na Justiça contra um estado, um município, uma autarquia. Aos poucos, no entanto, mais e mais servidores acordaram para essa realidade, venceram o medo e buscaram obter na Justiça o que consideravam os seus legítimos direitos.

Houve um momento em que o funcionalismo do Estado de São Paulo se deu conta, de uma vez por todas, dessa injustiça. Isso aconteceu no início do Plano Cruzado, em 1986. Em um cenário de inflação anual de três dígitos, o governo federal decidiu, em fevereiro daquele ano, implantar o Plano Cruzado, que previa inúmeras medidas, entre elas o gatilho salarial.

Sempre que a inflação ultrapassasse 20%, haveria reajuste automático de salários no mesmo percentual. E esse reajuste seria válido para todas as categorias de trabalhadores, inclusive para os servidores públicos de todas as instâncias da Federação. O ano de 1986 correu bem, sem gatilhos, já que os preços de produtos e serviços estavam represados pelo congelamento imposto pelo governo.

Mas, em 1987, a coisa desandou, não foi possível mais segurar os preços, a inflação explodiu e os gatilhos passaram a ser quase mensais.

O que fez o Governo do Estado de São Paulo? O governo paulista fez uma leitura própria das leis que implantaram o gatilho salarial, em prejuízo, naturalmente, do servidor público estadual. O Executivo não liberava os gatilhos ou o fazia meses depois da data correta.

Percebendo a situação, entramos na Justiça contra as decisões do Executivo paulista. E o Poder Judiciário, em primeira e segunda instâncias, soube reconhecer a nossa argumentação, como revela este trecho da decisão do magistrado Antonio Celso Aguilar Cortez, no processo nº 486/88. Sustentou o juiz:

> *O pagamento de alguns gatilhos com grande atraso sem qualquer fundamento legal e em época de acelerada inflação constitui ato ilícito e implica reparação pela correção monetária equivalente ao poder de compra subtraído indevidamente do servidor.*

No mesmo sentido deliberou o Tribunal de Justiça do Estado de São Paulo, exigindo o pagamento dos gatilhos que deveriam ter sido pagos desde julho de 1987 até a entrada em vigor, mais tarde, de outra legislação que os extinguiu.

Assim como nós, outros advogados entraram com ações semelhantes para exigir o pagamento dos gatilhos salariais aos servidores públicos do Estado de São Paulo, da ativa ou aposentados. Sem tais iniciativas, milhões deles, além de suas famílias, teriam sofrido pesados prejuízos.

Esse é o papel do advogado. Precisamos estar sempre alertas para identificar qualquer ameaça aos direitos de nossos clientes. Se não tivéssemos elevado a nossa voz, milhões de paulistas teriam amargado prejuízos e sofrido injustiças flagrantes. Esse é o papel da advocacia.

Esta é a razão de ser da minha vida profissional. É para isso que a Advocacia Sandoval Filho procura qualificar sua Equipe Jurídica para seguir adiante nessa luta em defesa do servidor público do Estado de São Paulo. Vamos em frente nesse trabalho até que todos os credores recebam o que lhes é devido. Seguiremos firmes até que o último precatório seja pago.

Plenário do Supremo Tribunal Federal no dia 14 de agosto de 2002. Estava em julgamento o pedido de Intervenção Federal no Estado de São Paulo apresentado pelo advogado Antônio Roberto Sandoval Filho. A imagem abaixo mostra Sandoval Filho fazendo a sustentação oral em favor da Intervenção.

8

Julgamento da Intervenção Federal em São Paulo

O Supremo Tribunal Federal julgou no dia 14 de agosto de 2002 dois pedidos de Intervenção Federal (as Intervenções n.º 2.915-5 e 2953-8), referentes a dois precatórios alimentares do orçamento de 1998 que deveriam ter sido quitados até 31 de dezembro daquele ano. As ações judiciais que geraram os precatórios tiveram início em 1987 e em 1992 e foram patrocinadas por nosso Escritório. Um dos precatórios tinha valor de 74,2 mil reais, que deveriam ser distribuídos entre 123 autores. Outro precatório equivalia a pouco mais de 2 milhões de reais, devidos a seus 49 autores. Vários dos requerentes tinham mais de 65 anos.

Antes de chegar ao Supremo, vários pedidos de Intervenção Federal, apresentados por nós, passaram pelo Tribunal de Justiça do Estado de São Paulo e foram acolhidos por votação unânime dos desembargadores. Vale lembrar aqui, de forma bem resumida, a tramitação ocorrida no TJSP.

Vamos às justificativas oficiais do governo de São Paulo para o não pagamento dos precatórios alimentares apresentadas junto ao Tribunal de Justiça de São Paulo e junto ao Supremo.

Ao não quitar os precatórios dentro do prazo constitucional, o Estado de São Paulo alegou, por meio de sua Procuradoria Geral, que "a arrecadação do estado vinha diminuindo" e que, por isso, "teria respaldo da Jurisprudência e da Doutrina para postergar o pagamento de suas dívidas".

Nas informações prestadas pelo governo paulista ao então presidente do Tribunal de Justiça de São Paulo, Márcio Martins Bonilha, o estado defendeu que o pedido de Intervenção Federal não procedia porque, de acordo com o artigo 34 da Constituição Federal, "é necessário que ocorra dolo, ou seja, a livre vontade de desobedecer a ordem legal, ou ainda, a vontade intencionalmente dirigida para seu descumprimento". E o estado argumentava "que não praticou conduta intencionalmente dirigida ao não pagamento dos precatórios".

Como justificativa, primeiro destacou que pagou os precatórios de 1991 a 1994, que deveriam ter sido quitados na gestão anterior, antes de começar a pagar os precatórios a partir de 1995. Afirmou também que pagou menos precatórios, mas destinou mais verbas quitando precatórios em valores já corrigidos monetariamente, algo que não havia sido feito em governos anteriores, quando a inflação corroía a renda do brasileiro e o valor dos precatórios.

Por fim, apontou, como fator determinante para o não pagamento, "a crise econômica que assolou o país e que impactou o Poder Público". E que não poderia sacrificar suas obrigações como estado na alocação de recursos destinados à saúde, à educação e à segurança pública, que interessam a "toda a sociedade (bem maior)" para "satisfazer o interesse dos particulares (bem menor)".

Citou ainda decisão tomada pelo STF em 1954 que indeferiu outro pedido de Intervenção Federal, nesse caso envolvendo o Estado de Minas Gerais. Naquele pedido, a decisão do relator, ministro Nelson Hungria, favoreceu o estado mineiro. Hungria entendeu que a intervenção não poderia ser estabelecida porque não havia má intenção do estado de não pagar o que devia ao credor.

O Ministério Público Estadual também deu seu parecer sobre a questão, atendendo à determinação constitucional que exige a manifestação deste órgão. O MP apoiou o pedido dos proponentes, **de Intervenção Federal contra o estado,** por entender que o governo descumpriu ordem judicial ao simplesmente não quitar os precatórios. O documento foi assinado pelo procurador-geral de Justiça, José Geraldo Brito Filomeno.

O Pleno do Tribunal de Justiça de São Paulo deferiu, por votação unânime, o processamento da Intervenção Federal. O desembargador Márcio Bonilha rechaçou a alegação de dificuldade econômica do Poder Público como justificativa para o não pagamento dos precatórios:

> *Não pode ser aceita a alegação de dificuldade econômica a inviabilizar o cumprimento da decisão judicial. Como já salientou este Egrégio Plenário: 'nada pode escusar a impontualidade,*

nem mesmo a ausência de recursos que admissível como verdadeiro, não possui, todavia, o condão de justificar inadimplência, antes mesmo concorrendo para agravá-la, pois denotaria a imprevisão do administrador, que teve tempo mais do que suficiente para locar recursos com que executar espontaneamente a obrigação no tempo, modo e forma devidos. O brocardo 'ad impossilibilia nemo tenetur' nunca pode ser alçado a má justificativa ao inadimplemento de dívida pública. No momento mesmo em que se deliberou efetuar a desapropriação de bens, cumpria ao Município prover-se de meios financeiros para o pagamento da indenização, fora do que estar-se-ia no condenável risco de confisco iníquo" (Representação Interventiva n° 12.918-0, RE. Des. Ney Almada em 11.09.91).

Os autos desses processos foram remetidos ao Supremo Tribunal Federal.

Sustentação oral no STF

Tive a honra de fazer a sustentação oral junto ao Plenário do Supremo Tribunal Federal do pedido de Intervenção Federal no Estado de São Paulo. Iniciei minha apresentação destacando que era uma honra participar daquele momento, honra esta que dividia com "todos os advogados militantes deste País que, cotidianamente, enfrentam os balcões da máquina judiciária, em busca do direito de seus clientes".

Em seguida, afirmei categoricamente que os precatórios judiciais não são pagos porque o Governo do Estado não os queria pagar. Expliquei que as dívidas citadas deveriam ter sido pagas em 1998 — quatro anos antes daquele julgamento. Um dos precatórios tinha o valor total de pouco mais de 74 mil reais, que seriam distribuídos entre 123 autores. Considerando as dívidas por autor, o maior crédito devido era de pouco mais de 2.700 reais. E vários outros autores aguardavam anos a fio para receber menos de 100 reais.

Em contraponto, naquele ano de 2002 em que se julgavam os pedidos de Intervenção Federal, a dotação orçamentária para quitar precatórios do estado era de 735 milhões de reais. Mas nem mesmo os precatórios alimentares de 1997 haviam sido quitados.

Mostramos também que nenhum precatório alimentar havia sido pago integralmente em sete anos consecutivos. Apenas em julho de 2002, o Governo do Estado pagou precatórios de até 8 mil reais. Mesmo assim, o valor depositado pelo Poder Público foi destinado aos precatórios até esse teto, desconsiderando **os valores devidos por autor.**

E mais tarde, em agosto daquele ano, o estado afirmou que havia quitado 3.205 precatórios — que totalizavam 8,2 milhões em dívidas. Isso tudo aconteceu às vésperas do julgamento no Supremo Tribunal Federal.

O passivo das dívidas do Estado de São Paulo, no entanto, já era de 2,5 bilhões de reais. **"Portanto, recursos existem, o que não existe é vontade política para pagar os precatórios de natureza alimentar"**, afirmei na ocasião.

Mais um fato que sustentava a inércia do estado foram os pa-

93

gamentos aos precatórios não alimentares durante o período, que só ocorreram porque a administração pública temia sequestro de verbas caso não quitasse as dívidas não alimentares. **"O Governo do Estado teme eventuais sequestros, mas não teme o Supremo Tribunal Federal"**, ressaltei na sustentação oral.

Destaquei, por fim, que o Governo do Estado tentou "demonstrar boa vontade" ao quitar os precatórios até 1997. O que também não beneficiava o Poder Público naquele julgamento, uma vez que "os precatórios de 1998 foram objetos de diversos orçamentos, e sendo de natureza alimentar têm o caráter vinculativo, oriundo de determinação constitucional".

"Assim sendo", argumentei, "é pacífica a necessidade de Intervenção Federal no Estado de São Paulo, como opinaram nestes processos o Ministério Público Estadual, o Pleno do Tribunal de Justiça de São Paulo, que, por votação unânime, encaminhou o presente pedido ao Supremo Tribunal Federal, e o Sr. Procurador Geral da República, todos no mesmo sentido e sem uma única opinião divergente, todos favoravelmente à Intervenção Federal no Estado de São Paulo".

Voto do ministro Marco Aurélio

O relator do processo no Supremo Tribunal Federal, ministro Marco Aurélio, votou favoravelmente à Intervenção Federal no Estado de São Paulo. O ministro salientou que não procedia, juridicamente, o argumento dado pelo governo estadual de falta de recursos para pagar os precatórios. Isto porque a Constituição Federal prevê a obrigação do administrador — no caso, o Estado paulista — de incluir no orçamento do ano subsequente a verba necessária ao pagamento dos precatórios apresentados até 1º de julho do ano corrente.

> *A intervenção visa, acima de tudo, a supremacia da Constituição Federal, ao saneamento do quadro, devendo atuar administrador diverso daquele que ocupa a chefia do poder executivo. A um só tempo, tem cunho satisfatório, quanto ao cumprimento da ordem ou decisão judicial, e saneador, sinalizando, de forma exemplar, a necessidade de serem observados os parâmetros próprios a um estado democrático de Direito (...).*

Também destacou o ministro a natureza alimentar dos precatórios que não foram pagos. Ele lembrou que os autores entraram na Justiça para requerer os pagamentos de valores que são necessários à sua subsistência e à de suas famílias. E a atitude do governo paulista foi de simplesmente não cumprir com suas obrigações. Ele afirmou em seu voto:

> *Mesmo em face do trânsito em julgado e do fato de haver contado com 18 meses para liquidação do débito, isso após a expedição do precatório, não o fez, certamente esperançoso na prevalência do argumento da autoridade, do argumento, inaceitável, da deficiência de caixa, em que pese a circunstância de ser o maior Estado da Federação.*

Por fim, o relator lembrou que cabe ao Poder Judiciário a responsabilidade de restabelecer a paz social abalada quando há desvio de conduta de um dos poderes.

> *Continuo acreditando que o exemplo a ser seguido, o bom exemplo, vem de cima; persevero na crença no Direito,*

> *no caráter perene dos princípios que o respaldam, na prevalência da Constituição como lei fundamental, nada justificando o abandono, o menoscabo de que vem sendo alvo. É hora de o Judiciário definir-se: ou bem zela pelo dever de guardião máximo da ordem jurídica, ou se mostra sensível às atitudes que desta discrepam, e aí acaba como responsável pelo estado atual das coisas (...)*

A maioria dos ministros do Supremo Tribunal Federal negou-se, no entanto, a aceitar o pedido de Intervenção Federal no Estado de São Paulo. Prevaleceu a tese do governo paulista de que não havia dolo (a intenção de não pagar) a dívida com precatórios, de que o problema era a falta de recursos para isso.

Mesmo negado, pedido de Intervenção gerou efeitos positivos

1. A luta contra a inadimplência de estados e municípios em relação aos precatórios ganhou força apesar da recusa da maioria dos ministros do Supremo Tribunal Federal em apoiar a Intervenção Federal no Estado de São Paulo em 2002. O assunto ocupou amplo espaço nas páginas dos jornais e na programação das emissoras de rádio e televisão. Deixou de um ser tema para especialistas.

2. Hoje está configurada a aceitação plena por parte do Poder Judiciário e da sociedade brasileira em geral de que os precatórios alimentares fazem parte da dívida pública e devem ser honradas a todo custo. São semelhantes a títulos da dívida pública. Um calote nos precatórios é o mesmo que um calote na dívida pública.

3. O precatório é uma espécie de ordem de pagamento que decorre de uma sentença judicial definitiva, que não comporta mais recursos. Como determina a Constituição Federal de 1988, decisão judicial é para ser cumprida, sejam quais forem os agentes envolvidos, sejam eles empresas, pessoas físicas, estados, municípios e mesmo a União.

9

Atuação à frente da Comissão de Precatórios da OAB SP

Tive a honra de ser convidado pelo então presidente da Ordem dos Advogados do Brasil (OAB SP), Caio Augusto Silva dos Santos, para presidir a Comissão de Precatórios da seccional paulista da Ordem. A nomeação foi feita através da Portaria nº 104/19, datada de 25 de março de 2019.

Fiquei à frente da Comissão até o final de 2021. Foram três anos muito profícuos, de muitas realizações. Contei para isso com o apoio total da Diretoria da OAB SP e de todos os nossos colegas advogados que militam em favor dos credores de precatórios.

Não foi a primeira vez que participei da OAB SP. Tive ativa participação na OAB SP ao longo de várias gestões. Na gestão de José Roberto Batochio (1991-93), atuei como diretor de Benefícios da Caixa de Assistência dos Advogados da instituição. Integrei o Conselho da OAB SP na gestão de João Roberto Egydio

Piza Pontes (1993-95), período em que fui convidado a criar e a coordenar a Comissão de Precatórios. Nessa mesma gestão, atuei na Coordenação da Comissão de Assistência Judiciária. Na gestão de Guido Antonio Andrade (1995-97) fui novamente escolhido para integrar o Conselho da entidade.

A convite do presidente Caio Augusto Silva dos Santos (2019-21), assumi a Presidência da Comissão de Precatórios, período em que conseguimos alcançar inúmeras conquistas para os credores de precatórios, que estão resumidas neste livro.

Logo nas primeiras conversas com o presidente Caio foi possível perceber que teríamos uma excelente jornada de trabalho juntos. Ele me deu amplo apoio para as atividades que viríamos a desempenhar nos três anos subsequentes. Esse apoio foi decisivo para que medidas importantes fossem adotadas no âmbito da Justiça, do estado e das prefeituras, em favor dos credores de precatórios do Estado de São Paulo.

Nossa prioridade inicial foi, no entanto, de âmbito interno. Queríamos unir os advogados que faziam a defesa dos credores, fossem eles advogados de credores alimentares ou de não alimentares, do estado ou dos municípios. Afinal, todos nós, advogados, queríamos a mesma coisa — a satisfação jurídica plena para os nossos clientes. Unidos seríamos mais fortes. E essa união seria decisiva para vencermos as batalhas que estavam por vir.

Montamos a Comissão de Precatórios com ampla participação de todos os principais grupos de advogados. Fazíamos reuniões periódicas para definir as prioridades. A primeira reunião importante de que participei aconteceu no dia 22 de maio de 2019, com a participação da então procuradora-geral do Estado, Maria Lia Pinto Porto Corona. Queríamos saber qual seria a atuação da PGE em relação ao pagamento dos precatórios naquela gestão.

A então titular da PGE informou à Comissão que seriam destinados mais de 3,5 bilhões de reais para o pagamento de precatórios nos meses subsequentes, o que permitiria quitar as pendências constantes dos orçamentos de 2002 e 2003. Além disso, a fila dos credores prioritários seria zerada e haveria mais 800 milhões de reais para as Requisições de Pequeno Valor (RPVs).

No mesmo encontro, a procuradora informou que a PGE estudava a possibilidade de transferir aos credores da ordem cronológica os recursos então alocados na chamada "Conta 2", destinada aos acordos com deságio. Boa parte do que foi então prometido pela titular da PGE foi de fato cumprido.

Tribunal de Justiça acata sugestão da OAB SP

Outra conquista da nossa Comissão envolveu um detalhe aparentemente burocrático, mas que poderia afetar negativamente o fluxo de liberação dos pagamentos de precatórios. Em novembro de 2018, o Tribunal de Justiça de São Paulo havia estabelecido que o processamento das Requisições de Pequeno Valor (RPVs) deveria passar das Varas da Fazenda Pública para a Upefaz (Unidade de Processamento de Execuções Contra a Fazenda Pública) a partir de setembro de 2019.

A Comissão de Precatórios Judiciais da OAB SP entendeu que, se isso fosse feito, haveria atrasos na liberação de pagamentos. Decidimos, então, encaminhar no dia 1º de julho de 2019 requerimento ao TJSP solicitando que as Varas da Fazenda Pública da capital permanecessem responsáveis pelos pagamentos das RPVs.

No documento, sustentamos que "é fato incontroverso que a quantidade de processos em trâmite, somada ao déficit de funcionários [na Upefaz], gera como consequência a indesejada lentidão e a afronta à garantia constitucional da duração razoável do processo".

No dia 21 de agosto do mesmo ano, o Tribunal de Justiça expediu provimento favorável ao requerimento da Comissão de Precatórios. Para quem precisa dos recursos com urgência, qualquer atraso é um grande transtorno. Ao acatar nosso requerimento, o TJSP fez justiça e mostrou-se mais uma vez sensível às demandas dos credores.

Questões aparentemente de pequena monta como esta podem, se bem resolvidas, adiantar bastante o pagamento aos credores e reduzir a fila dos precatórios — apesar do injustificável atraso que ainda perdura para a quitação completa dessa dívida.

Mais recursos para os credores

Outra vitória importante da Comissão de Precatórios da OAB SP diz respeito à transferência de recursos da chamada "Conta 2", destinada aos credores que aceitassem fazer acordos com o Poder Público, para a "Conta 1", destinada ao pagamento dos credores que aguardam na fila da ordem cronológica, que estava parada no ano de 2002. O elevado deságio previsto para a realização desses acordos, de 40%, desestimulou os credores, que não aderiram à modalidade. Esse dinheiro ficava parado, sem destinação efetiva.

Havíamos sugerido à Diretoria de Execuções de Precatórios

e Cálculos (Depre) que fosse adotada essa medida, na reunião que realizamos em 10 de dezembro de 2019 com o titular da Depre, desembargador Wanderley Federighi. Participaram também da reunião os colegas Felippo Scolari e Messias Falleiros, ambos membros da Comissão de Precatórios.

No dia 16 de março do ano seguinte (2020), o desembargador Federighi determinou a transferência de 2 bilhões de reais para a Conta 1, destinada ao pagamento dos credores que aguardam na fila da ordem cronológica, que estava parada no ano de 2002. Ao transferir os valores da Conta 2 para a Conta 1, o desembargador Federighi acompanhou também orientação do Conselho Nacional de Justiça, que já havia determinado que todos os tribunais fizessem esse tipo de transferência.

Vitória na pandemia

Durante a pandemia do coronavírus, a Comissão de Precatórios da OAB SP conseguiu impedir um novo calote por parte do Executivo paulista.

Em 2020, o governo do estado e os de oito municípios da Grande São Paulo obtiveram a anuência do Tribunal de Justiça para interromper provisoriamente o pagamento de precatórios. Alegavam esses gestores que tais recursos extraordinários seriam utilizados no enfrentamento da pandemia. A suspensão dos pagamentos seria por seis meses, contados a partir de março de 2020.

Coube em seguida ao Conselho Nacional de Justiça (CNJ) apresentar um adendo importante ao caso. Ao analisar um pedido de providências que apresentamos em nome da Ordem dos

Advogados do Brasil (OAB SP), o CNJ confirmou a suspensão dos pagamentos, mas impôs ao estado a seguinte condição: os pagamentos suspensos teriam de ser compensados nos últimos quatro meses do ano, a começar por setembro.

Os seis meses se passaram. E a Fazenda do Estado quis novamente adiar os pagamentos, dessa vez para 2021, desrespeitando a determinação do CNJ. O Executivo paulista propôs ainda destinar uma parcela ínfima da Receita Corrente Líquida (RCL) para os pagamentos de precatórios a partir de 2021: 0,464% ao mês, muito menos que o mínimo fixado pela Emenda Constitucional n° 99/2017, que é de 1% para os municípios e 1,5% para os estados.

O Tribunal de Justiça não aceitou o adiamento dos pagamentos dos precatórios que não haviam sido quitados entre março e agosto de 2020. Determinou o repasse de valores correspondentes a 3,63% das receitas líquidas a partir de setembro para que a situação fosse regularizada, em respeito à determinação do CNJ.

E, para garantir o pagamento de precatórios a partir de 2021, o TJ fixou a destinação de valores correspondentes a 4,16% das receitas para a completa quitação dessa dívida até 2024, como determinava então a Emenda Constitucional n° 99 (o prazo final para a quitação completa da dívida foi mais tarde postergado para 2029).

Essa inclinação aparentemente irresistível dos gestores públicos para o calote ficou então, mais uma vez, caracterizada. E teria sido vitoriosa não fosse a atuação da Comissão de Precatórios da OAB SP, do Conselho Nacional de Justiça e do Tribunal de

Justiça do Estado de São Paulo. Contamos também com o apoio importante da OAB Federal e da sua Comissão de Precatórios.

Quitação dos precatórios até 2029

A Emenda Constitucional nº 109/21 alterou o prazo para a quitação dos precatórios, que passou de 31 de dezembro de 2024 para 31 de dezembro de 2029. Essa emenda exige que toda a dívida com precatórios seja completamente liquidada até o final de 2029. A fixação de um prazo implica, necessariamente, a previsão de verbas orçamentárias, para o efetivo cumprimento da Constituição, para a quitação desse passivo.

Cabe perguntar: quanto o estado precisa reservar de suas receitas para zerar a dívida com precatórios até 2029? Segundo a Diretoria de Execuções de Precatórios e Cálculos do Tribunal de Justiça de São Paulo, o estado em 2024 deveria reservar 2,64% de sua Receita Corrente Líquida (RCL) para conseguir chegar a 2029 com essa dívida quitada.

No mesmo sentido manifestaram-se o Conselho Nacional de Justiça e o Tribunal de Contas da União. No entanto, o estado insiste, ainda em 2024, em reservar apenas 1,5% de suas receitas para pagar precatórios – um percentual claramente insuficiente para zerar esse passivo até 2029.

A Procuradoria Geral do Estado reconhece – posição vigente em maio de 2024 – que a dívida com precatórios está com tendência de alta, estimando que esse passivo deva chegar a quase R$ 35 bilhões em 2029. Atribui parte da responsabilidade desse crescimento ao próprio Executivo, que em 2019 rebaixou em 61% o teto das

RPVs (Requisições de Pequeno Valor). Com essa medida, dívidas de pequeno valor, que poderiam ter sido quitadas no passado, acabaram por se somar ao estoque de precatórios não pagos.

No momento em que escrevo este livro, está claro que a dívida com precatórios estaduais não vai ser quitada caso o Estado destine apenas 1,5% de suas receitas anuais para esse fim. É preciso ampliar esse percentual ou lançar mão de outros tipos de alternativas.

Uma delas é o uso de depósitos judiciais. Trata-se de medida prevista na legislação, mas que não foi implementada. A Procuradoria Geral do Estado cita essa alternativa como possível, mas não foi feito nenhum movimento efetivo nessa direção até maio de 2024.

Um documento da PGE, datado de 21 de setembro de 2023, cita que "no exercício de 2029, é previsto também financiamento para pagamento de precatórios". Não se sabe por que tal iniciativa não poderia ser adotada já a partir de 2024. Os financiamentos desse tipo implicariam economia para o Poder Público, uma vez que os precatórios são reajustados pela taxa Selic — em percentual maior do que o que se verifica nas operações bancárias entre grandes instituições e o governo.

Outra medida aventada pela PGE implica alterações legais que precisariam merecer análise e aprovação prévias por parte da Assembleia Legislativa do Estado. Trata-se do uso de precatórios por empresas como compensação de débitos tributários. É uma hipótese que precisa ainda ser concretizada.

Outra linha é o uso dos acordos diretos do Executivo com

os credores. Isso tem acontecido já há alguns anos. Mas o volume dessas negociações é pequeno, já que o deságio de 40% sobre o crédito devido não estimula a adesão dos titulares de precatórios.

Há, portanto, neste momento em que escrevo, um amplo conjunto de medidas que podem ser adotadas pelo Governo do Estado de São Paulo para quitar a dívida com precatórios até 31 de dezembro de 2029. A pergunta que se fazem os credores é se o Executivo está mesmo disposto a fazer uso desses recursos.

Levando em conta o histórico de inadimplência do estado, é difícil crer que esse prazo seja de fato cumprido. De qualquer forma, nosso papel como advogados de credores é o mesmo: seguir batalhando em todas as instâncias para acabar com a famigerada fila dos precatórios.

Ação em defesa dos credores da Prefeitura de São Paulo

A OAB SP e sua Comissão de Precatórios tiveram decisiva participação em defesa dos credores de precatórios da Prefeitura de São Paulo. O caso envolveu uma vitoriosa Ação Civil Pública contra a Prefeitura de São Paulo. Os gestores municipais estavam transferindo recursos provenientes dos depósitos judiciais, que deveriam ser destinados ao pagamento de precatórios, para outras finalidades.

Fui encarregado pelo presidente da Ordem, Caio Augusto Silva dos Santos, de fazer a defesa dos credores. Repassei essa responsabilidade ao colega Victor Boari, respeitado advogado de credores do município. Boari teve brilhante participação nesse processo, cujo resultado foi a devolução de mais de R$ 5,4 bilhões por conta da não utilização dos depósitos judiciais. Esse volume de recursos foi então destinado ao pagamento dos credores.

Completada a digitalização de processos

No início da minha gestão à frente da Comissão de Precatórios, notamos que havia uma sala no Tribunal de Justiça (TJSP) com mais de 80 mil processos em papel aguardando pagamento. Na verdade, parte substancial deles era de processos já finalizados e que deveriam estar no arquivo morto. A parte remanescente foi digitalizada pelo Tribunal de Justiça, com o apoio técnico e de pessoal de advogados de credores.

A conclusão do trabalho de digitalização de processos ocorreu no final de 2022. Trata-se de uma iniciativa fundamental, que está alterando substancialmente a execução contra a Fazenda Pública. A digitalização torna tudo mais rápido e transparente. E dificulta a ação de pessoas de má fé cuja presença no TJ só trazia confusão nesse departamento e prejuízos aos credores.

O êxito na realização deste trabalho só foi possível com a ação conjunta e harmônica do Tribunal de Justiça do Estado de São Paulo, da Comissão de Precatórios da OAB SP, de outras entidades, como Madeca, e dos advogados que militam em defesa dos credores.

Teto das RPVs: uma luta que não acabou

Criada em 2002 e implantada efetivamente no ano seguinte no Estado de São Paulo, a Requisição de Pequeno Valor pretendia atingir dois objetivos simultâneos. De um lado, agilizar o pagamento dos credores que tinham a receber até 1.135 Unidades Fiscais do Estado de São Paulo (UFESPs), o que correspondia em 2003 a 13 mil reais. O outro objetivo era impedir que a fila de precatórios fosse engordada todos os anos por milhares de credores que tivessem pequenos créditos a receber.

O credor dessas pequenas quantias não precisaria esperar por muitos anos na fila dos precatórios. Ele receberia o seu crédito em até 90 dias depois da expedição da requisição. Foi uma medida positiva, que representava um verdadeiro alívio para milhares de pequenos credores e, ao mesmo tempo, poupava tempo e trabalho por parte do Poder Judiciário.

Como já relatado antes neste livro, em 2019, por iniciativa do então governador do Estado, João Doria, um projeto passou a tramitar na Assembleia Legislativa com o objetivo de reduzir em 61% o teto das RPVs. O teto das RPVs correspondia a 1.135,285 UFESPs, equivalentes a R$ 30.119,20, no ano de 2019.

Por decisão do governo paulista, aprovada pela Assembleia Legislativa do Estado em 2019, através da Lei Estadual nº 17.205/2019, esse teto caiu para 440,214851 UFESPs, equivalente a R$ 11.678,90. Essa decisão trouxe consequências negativas para os credores e para o próprio Poder Público paulista, com o acúmulo da dívida com precatórios. Em valores atualizados para 2023, o teto é de R$ 15.081,29. E deveria ser de R$ 38.894,98 se fosse respeitada a legislação original que criou as RPVs.

A OAB SP manifestou-se de forma contrária ao projeto em

ofício datado de 16 de setembro de 2019 e assinado pelo vice-presidente da Ordem, Ricardo Toledo Santos Filho, e por mim, como presidente da Comissão de Precatórios. O documento foi encaminhado à Presidência da Assembleia.

Houve intensa mobilização dos servidores públicos. Participamos dos debates de diversas comissões da Alesp que discutiram o assunto. Tive a oportunidade de debater pessoalmente com deputados e com representantes de servidores públicos. Disse o seguinte nessa reunião, ocorrida no dia 3 de outubro de 2019:

> *Antes de tudo, entendemos que esse Projeto é inconstitucional, porque desrespeita a coisa julgada — que é o direito do credor de RPV receber o que lhe é devido e reconhecido pela Justiça dentro do prazo legal.*
>
> *Em segundo lugar, é injusto com aqueles que têm pouco a receber, uma vez que hoje o prazo de 60 dias para quitação das RPVs de até R$ 30 mil tem sido respeitado. Por fim, é também um péssimo exemplo de gestão pública. Instaurar uma medida que adia o pagamento de dívidas em vez de quitá-las não é um movimento digno de um governo que se apresenta à sociedade como bom gestor. Quem vai querer investir num Estado que não cumpre decisões judiciais?*

Estávamos lado a lado com os nossos clientes nessa luta, que acabou derrotada no Plenário da casa por um voto de diferença, em votação ocorrida no dia 5 de novembro de 2019. Houve 40 votos contrários ao projeto e 41 votos favoráveis. Essa derrota, por mais dolorosa que tenha sido, não nos abalou. O servidor público e seus advogados sabem que é comportamento usual dos gestores dar prioridade a outros gastos em detrimento do pagamento de dívida certa e líquida, reconhecida pela Justiça, com os credores de precatórios.

Mais uma vez, recorremos da decisão. Fomos ao Supremo Tribunal Federal, arguindo a inconstitucionalidade do projeto e argumentando que a redução do teto só poderia valer a partir dos processos finalizados depois da data da promulgação da Lei nº 17.205, publicada no dia 7 de novembro de 2019, que rebaixou o teto da RPVs.

No Tribunal de Justiça do Estado obtivemos expressiva vitória. O Poder Executivo paulista queria que o teto 'rebaixado' da RPV, que havia passado de 30 mil para 12 mil reais, valesse para todos os credores.

Acreditávamos que o teto deveria valer apenas para os processos finalizados depois da promulgação da lei, ou seja, depois de 7 de novembro de 2019. A decisão do Tribunal de Justiça seguiu o que havia sido deliberado pelo Supremo Tribunal Federal e obedeceu também à jurisprudência da própria Corte paulista. Fizemos do limão do rebaixamento do teto uma limonada aceitável, que poupou do corte milhares de credores.

É preciso aumentar o teto das RPVs

A redução do teto das Requisições de Pequeno Valor, além de gerar pesados prejuízos aos credores, produz um aumento substancial no número de precatórios. A juíza Paula Fernanda Navarro, coordenadora-adjunta da Depre (Diretoria de Execuções de Precatórios e Cálculos), avaliou que a redução da RPV acarreta problemas graves de gestão para a Depre.

"O valor da RPV é muito baixo", afirmou a juíza, em encontro realizado no dia 19 de outubro de 2023 no auditório da OAB SP. Esse fato gera um aumento substancial no número de precatórios, atravancando assim o trabalho do Poder Judiciário. Como afirmou na mesma reunião o desembargador Afonso de Barros Faro Júnior, coordenador da Depre, "é urgente que se aumente esse valor".

A criação das Requisições de Pequeno Valor teve como finalidade justamente apressar o pagamento dos precatórios de menor valor e, ao mesmo tempo, liberar o Poder Judiciário de processar outras centenas de milhares de precatórios. Ao reduzir o teto das RPVs, o Executivo paulista acabou por desvirtuar os objetivos dessa legislação, prejudicando o pequeno credor e agregando mais dificuldades ao trabalho da Justiça.

É nosso firme propósito seguir com o trabalho para rever esses valores — para o qual bastaria a aprovação de medida nesse sentido por parte da Assembleia Legislativa do Estado de São Paulo e a anuência do chefe do Executivo. Essa aprovação traria benefícios para todas as partes.

Retomar o teto originário das RPVs é uma tarefa que conta hoje, felizmente, com o empenho de muitos atores. Importante destacar o papel da Comissão de Precatórios da OAB SP, liderada pelo advogado Felippo Scolari, e do Madeca (Movimento dos Advogados em Defesa dos Credores Alimentares do Poder Público), sob a liderança do advogado Victor Boari.

Menção positiva merece também o Tribunal de Justiça do

Estado de São Paulo, cujos representantes apoiam a elevação do teto, como os acima mencionados desembargador Afonso de Barros Faro Júnior e juíza Paula Fernanda Navarro, que já se manifestaram publicamente a esse respeito.

Acreditamos que esse conjunto de atores, por força de suas responsabilidades e atribuições, tem força suficiente para convencer o Executivo paulista e a Assembleia Legislativa do Estado de que a elevação do teto das RPVs é medida urgente e necessária.

10

A modernização do Poder Judiciário

Ao assumir a Presidência do Tribunal de Justiça do Estado de São Paulo, o desembargador Ricardo Mair Anafe chamou, para a sua gestão, a responsabilidade de zerar a fila dos precatórios até 2023. Foi uma declaração solene feita na posse da direção da Corte, ocorrida no dia 21 de março de 2022.

No projeto denominado "Precatórios: Prioridade Máxima", o Tribunal concentrou uma série de iniciativas. Além de mudanças estruturais para dar mais agilidade à gestão dos processos, o Tribunal passou a divulgar conteúdos informativos sobre o que são precatórios e como o TJSP trabalha na gestão dos pagamentos.

Depois disso, houve muitos avanços no tempo de processamento dos pagamentos entre o depósito e o levantamento dos valores. Segundo informações do TJSP, a Unidade de Processamento das Execuções Contra a Fazenda Pública (Upefaz) faz hoje, em oito meses, um procedimento que leva até três anos.

"Em 2020, R$ 1,7 bilhão foi liberado pela Upefaz. Este ano (2022) devemos chegar entre R$ 8 bilhões e 10 bilhões em pagamentos", revelou o presidente do TJSP ao *Anuário da Justiça*, publicação de responsabilidade da Editora Consultor Jurídico.

Tribunal de Justiça dá vazão a todos os créditos disponíveis

A intenção de priorizar o pagamento de precatórios, expressa em sua posse pelo presidente do Tribunal de Justiça do Estado de São Paulo, foi de fato cumprida, como revelaram dois representantes do Tribunal, em reunião pública promovida pela Comissão de Precatórios da OAB SP realizada no dia 19 de outubro de 2023 no auditório da Ordem, em São Paulo.

As informações foram prestadas pelo desembargador Afonso de Barros Faro Júnior, coordenador da Depre (Diretoria de Execuções de Precatórios e Cálculos), e pela juíza Paula Fernanda de Souza Vasconcelos Navarro, coordenadora da Upefaz e coordenadora-adjunta da Depre.

Durante a reunião na OAB, os representantes do Tribunal de Justiça fizeram um histórico de todas as mudanças levadas a efeito pelo órgão para tornar mais rápida a liberação do pagamento aos credores de precatórios.

Havia mais de 14,3 bilhões de reais sob custódia do TJ. Eram recursos depositados por mais de 700 entes devedores, especialmente o Governo do Estado de São Paulo e munícipios do estado. Por entraves internos, a liberação desses recursos levava meses ou até mesmo anos para chegar aos credores.

O desembargador Afonso Faro Júnior e a juíza Paula Fernanda Navarro contaram aos advogados presentes à reunião que naquele momento a conta estava "zerada". Ou seja, todos os recursos disponibilizados pelos entes devedores para pagar precatórios já haviam sido depositados junto aos processos. Caberia então ao juiz de cada processo realizar os trâmites necessários para que os recursos pudessem chegar finalmente aos credores.

Afonso Faro Júnior e Paula Navarro fizeram questão de reafirmar que não havia mais recursos parados no Tribunal. Os atrasos agora ficariam por conta exclusiva dos entes devedores, especialmente o estado e os municípios.

Para que o fluxo de pagamento de precatórios ganhasse esse ritmo, diversas medidas foram adotadas pelo Tribunal de Justiça do Estado de São Paulo. Houve investimentos em tecnologia, em digitalização de processos, em treinamento de pessoal e na ampliação do quadro de funcionários. O resultado é que todos os recursos à disposição do TJ já estão vinculados aos processos para posterior pagamento aos credores.

O compromisso já cumprido pelo Tribunal, de repassar aos credores todos os recursos que estavam à disposição do TJ, representa uma grande evolução, um amadurecimento do Poder Judiciário quanto à importância de uma solução rápida para esse problema.

É gratificante perceber essa mudança no tratamento deste tema, que nunca havia merecido a devida atenção. Acredito que essa transformação só tenha sido possível graças a um conjunto de fatores. Ressalte-se, de um lado, a ação coletiva das diversas instâncias do Poder Judiciário.

Vale apontar também a postura firme do CNJ (Conselho Nacional de Justiça) e a pressão legítima das entidades em defesa dos credores. Importante acrescentar a esse rol de entidades a Ordem dos Advogados do Brasil e, de modo especial, as suas Comissões de Precatórios. O compromisso do TJSP em zerar a fila dos precatórios é, portanto, o resultado de amplo leque de iniciativas e de mudanças de posturas.

No momento da publicação deste livro, outras medidas já estão em vias de se concretizar, como o pagamento direto, feito sem a remessa dos recursos, já liberados pelo Tribunal, novamente para o juiz do processo original. Quando estiver em curso, essa medida vai garantir a liberação dos pagamentos em prazos inferiores a 60 dias.

11

É possível antecipar o recebimento de precatórios?

A fila dos precatórios andou mais rápido nos últimos anos. Mesmo assim, o atraso é grande. O Estado de São Paulo só terminou de pagar os precatórios do orçamento de 2010 em março de 2024.

É muito tempo de espera para quem precisa desses recursos para ontem. Os credores mais aflitos e necessitados buscam desesperadamente alternativas para antecipar os seus créditos. O que eles podem fazer nesse sentido, evitando ao mesmo tempo os golpes? Vamos aos casos previstos na legislação.

Há duas alternativas previstas em lei. Uma delas é o acordo direto com o ente devedor. No caso paulista, o Estado de São Paulo. Os credores e pensionistas do estado podem buscar o acordo direto com o Executivo. Para isso, eles precisam renunciar a 40% de seus créditos para receber mais rapidamente o valor remanescente. Para cada 10 reais a receber, o credor deverá renunciar a quatro. É um deságio expressivo e cabe a cada credor avaliar se vale a pena, ou não, aceitar esse acordo. Trata-se de um entendimento com o Poder Público que é sempre mediado pelo advogado de cada credor.

A segunda alternativa permitida por lei é a cessão de crédito. Por meio dessa modalidade jurídica, o credor transfere a um terceiro a titularidade do seu precatório, mediante pagamento de um valor a ser negociado entre as partes. Grandes empresas e instituições financeiras fazem esse tipo de negociação. Também neste caso deve prevalecer a livre decisão do credor, desde que ele tenha informação objetiva para tomar a sua decisão.

Nos dois casos, é fundamental que o credor consulte o seu advogado para obter informações precisas e atualizadas do montante que lhe é devido. Há empresas e pessoas inidôneas que se aproveitam da inocência de alguns credores para oferecer percentuais irrisórios em relação ao valor total do crédito. O advogado da causa é sempre uma referência necessária para que os credores saibam exatamente quanto têm a receber antes de entrar numa negociação desse tipo.

Na Advocacia Sandoval Filho, a decisão soberana sempre é do cliente. Nosso papel é informá-lo quanto ao valor real do crédito a receber e dos cuidados para evitar os golpes, como os apresentados a seguir.

Como evitar os golpes

O acordo direto com o estado e a cessão de créditos são opções previstas na legislação e podem ser consideradas pelos credores. É preciso evitar, no entanto, a ação dos golpistas. Nosso papel como advogados dos credores é alertá-los de todas as formas quanto ao assédio ilegal de quadrilhas que se oferecem para pagar o precatório em troca de uma quantia antecipada.

Os golpistas fazem uso de artifícios diferentes. O ponto comum entre eles é a exigência de pagamento antecipado para a liberação do precatório. Sempre que houver essa exigência, trata-se de golpe, já que os advogados nunca pedem valores para pagar os precatórios.

Esse assédio ganha ares de veracidade porque os estelionatários dispõem de informações pessoais do credor, como nome, endereço, CPF, telefone e *e-mail*. Outra característica dessas manobras é que esses agentes se apresentam como representantes dos advogados desses credores.

De posse dessas informações, os golpistas prometem pagar o precatório em troca de uma quantia antecipada a título de pagamento de taxas e outros artifícios. Na expectativa de receber logo o seu precatório, o credor cede aos golpistas e realiza algum pagamento antecipado. O golpe então se completa e o credor nada recebe, amargando outra decepção.

Para evitar esses casos, a Advocacia Sandoval Filho e outros escritórios procuram de todos os modos alertar os servidores.

Explicamos que os advogados nunca exigem nenhum valor antecipado para realizar o pagamento dos precatórios. Qualquer pedido de uma antecipação em dinheiro para a liberação do precatório deve ser entendido como uma tentativa de golpe.

Adotamos uma estratégia de comunicação intensa e permanente para alertar os credores quanto a esses tipos de assédio. Utilizamos nosso *site*, revista eletrônica, redes sociais, entrevistas.

É importante lembrar que essas quadrilhas fazem uso de informações públicas, que estão nos processos e podem ser acessadas por qualquer pessoa que visite o Tribunal de Justiça do Estado de São Paulo.

Com esses dados em mãos, os golpistas se apresentam como advogados da causa. É o momento em que o credor se surpreende ao perceber que esse interlocutor "sabe tudo" do seu processo.

Tudo isso seria evitado se os estados, municípios e autarquias fizessem o pagamento em dia de seus débitos com precatórios.

Os credores alimentares acabam sendo vítimas, ao mesmo tempo, dos inadimplentes (os entes federativos) e dos estelionatários. Embarcam inadvertidamente nesses golpes por ingenuidade, desconhecimento e muitas vezes por desespero. É um filho que precisa de ajuda, um parente próximo que necessita de assistência. É uma despesa extra que precisa ser quitada. As razões são muitas.

Houve já casos de desbaratamento de quadrilhas. A Polícia Civil de Mococa, no interior de São Paulo, identificou no início de 2023 uma quadrilha que operava desde o Ceará (CE), buscando as suas vítimas no Estado de São Paulo.

As investigações que levaram à identificação e prisão dos

criminosos tiveram início no ano anterior. Essa quadrilha também usava o nome da Advocacia Sandoval Filho para enganar as vítimas[2].

Ressalte-se que esses crimes são cibernéticos, de difícil identificação e criminalização. Não há violência física, nem coação. As próprias vítimas encontram dificuldades para apresentar queixa à polícia, por falta às vezes de materialidade. Os destinatários dos valores são 'laranjas' e não são encontrados pelas autoridades. As próprias instituições policiais não se encontram bem aparelhadas para fazer frente a esses crimes, que são novos no cenário mundial.

Muitos credores e pensionistas foram vítimas dessa modalidade criminosa. Os números precisos não são conhecidos porque não há um órgão que centralize essas informações. Nossa experiência profissional aponta, no entanto, com base nos relatos de clientes, que esses golpes fazem milhares de vítimas todos os anos.

A grande lição a extrair desse drama que atinge uma imensa quantidade de servidores públicos é que o atraso das autoridades no pagamento dos credores produz consequências sérias e profundamente negativas para os envolvidos. Não é somente uma questão financeira. É algo que afeta a vida das pessoas e que precisa acabar.

---

2. A Polícia Civil de Mococa, cidade do interior de São Paulo, identificou uma quadrilha que aplicava golpes em credores de precatórios do interior e da capital de São Paulo. A quadrilha operava do Ceará, em bairros de Fortaleza e de Maracanaú. Durante a Operação Precatório, que foi deflagrada em dezembro de 2022, quatro suspeitos foram presos. Armas de fogo, celulares, drogas e carros de luxo também foram apreendidos nos locais. A Operação Precatório contou com o suporte das Polícias Civis do Estado de São Paulo e do Ceará.

12

Até o último precatório

Dediquei minha vida profissional à defesa jurídica dos servidores públicos do Estado de São Paulo. Milhares deles tiveram os seus pleitos completamente satisfeitos. Outros tantos ainda aguardam o fim de seus processos e o pagamento de seus créditos. Fazendo um balanço de tudo, é possível constatar que avançamos muito, que se fez justiça a centenas de milhares de credores que bateram às portas dos tribunais para reclamar a satisfação de um direito.

A dívida do Estado de São Paulo ainda não foi quitada em maio de 2024. O estoque está na faixa dos 30 bilhões de reais. Depois de várias medidas legais protelatórias, o prazo final para essa quitação foi fixado em 2029. Cabe perguntar: será que esse prazo vai ser respeitado? Não é possível ter certeza quanto a isso. A tentação dos governantes de adiar esse pagamento está sempre presente.

Para evitar um novo adiamento, é preciso a ação firme da

sociedade civil, da mídia, do Poder Judiciário de forma geral e de órgãos como Conselho Nacional de Justiça (CNJ).

É necessário que todas essas forças unidas convençam o Executivo de que é melhor, mais econômico e mais justo pagar o que deve e cumprir rigorosamente a lei para evitar o aparecimento de novos precatórios.

O respeito rigoroso à lei evitaria o surgimento de novos processos. O pagamento dos precatórios na data original reduziria substancialmente o pagamento adicional de juros de mora e reajustes pela inflação, que acabam por elevar os custos dessa dívida.

Os credores e seus advogados querem a quitação integral dessa dívida, algo totalmente factível no prazo agora fixado. Queremos, na verdade, algo além. Queremos que o instituto do precatório deixe de existir, substituído por outro mecanismo que torne mais rápido o pagamento de decisões judiciais definitivas em que o réu é um ente federativo, como prefeituras, estados ou a União.

Nada impede que o Poder Público faça as devidas previsões orçamentárias diante da iminência da conclusão definitiva de processos judiciais contrários a seus interesses. Não faz sentido a ideia de que os precatórios seriam "meteoros" que caem repentinamente, provocando a explosão nas contas públicas.

Os precatórios decorrem em geral de processos judiciais de longa tramitação. São claramente previsíveis. É possível saber com muita antecedência qual deve ser a sua conclusão. Com isso, é possível incluir esses débitos na contabilidade dos entes federativos.

Não vamos esmorecer até que seja quitado o último precatório. Os servidores públicos exigem isso. E nós, advogados de servidores, faremos tudo o que for juridicamente necessário para que a Justiça se faça e os credores sejam devidamente ressarcidos tal como fixado por sentenças judiciais definitivas.

UM RESUMO DA SITUAÇÃO EM JUNHO/2024

1. A Emenda Constitucional n° 109/2021 prorrogou a quitação completa dos precatórios até 31 de dezembro de 2029. Ou seja, estados, municípios, o Distrito Federal e as autarquias terão que estabelecer um plano de pagamentos anual suficiente para que essa dívida com precatórios seja completamente zerada em até o final de 2029.

2. No caso do Estado de São Paulo, isso não vai acontecer se o governo mantiver uma alíquota de apenas 1,5% das Receitas Correntes Líquidas para essa finalidade. Para quitar a sua dívida com precatórios, a alíquota precisaria ficar entre 3% e 4% das Receitas Correntes Líquidas.

3. Há outras fontes de recursos de que o governo pode lançar mão, além das receitas próprias. A lei autoriza os entes devedores a recorrer a uma parcela dos depósitos judiciais para financiar o pagamento dos precatórios. Outra possibilidade é tomar empréstimos.

4. Além de ser um dever do Estado, o pagamento dos precatórios representaria sensível redução de custos por parte do Executivo. Os índices de reajustes dessa dívida e os juros incidentes sobre ela elevam significativamente o estoque desse passivo. Em resumo, ficaria mais barato ao Executivo pagar os precatórios e reduzir os desembolsos com os serviços dessa dívida.

5. É preciso lembrar que é responsabilidade do Tribunal de Justiça de São Paulo acompanhar o correto pagamento dos precatórios, por parte do Governo do Estado, para que se complete até 31 de dezembro de 2029 a quitação de todos eles. Esse papel cabe à Presidência do TJSP, que está sujeita inclusive à responsabilização por eventual descumprimento de suas atribuições nesse campo.

6. Precatórios decorrem de sentença judicial definitiva e integram a dívida pública. Não há outra possibilidade aos entes devedores a não ser honrá-los no tempo previsto em lei.

13

Agradecimentos

Agradeço, em primeiro lugar, aos clientes da Advocacia Sandoval Filho. Nosso trabalho, como advogados, só tem início de fato quando o cliente nos outorga uma procuração para atuar em nome dele na defesa de uma tese jurídica. Trata-se de uma prova de confiança que sempre procuramos honrar.

Assim aconteceu com a primeira cliente, depois da qual vieram muitas outras e muitos outros que acreditaram no nosso trabalho. Soubemos manter com eles uma relação sempre solidária e transparente, baseada no diálogo franco e no trabalho sem tréguas.

Se chegamos agora, em 2024, a celebrar nossos 45 anos de atividades bem-sucedidas em defesa dos clientes, é porque contamos sempre com a confiança do servidor público paulista, em um trabalho iniciado em 1979.

É importante registrar nosso mais profundo agradecimento à Equipe Jurídica da Advocacia Sandoval Filho, a todos os colaboradores que desempenham os serviços paralegais e aos que atuam nas mais diferentes áreas do escritório. Sem eles não teríamos conquistado e preservado a confiança de um número expressivo de servidores públicos.

Da mesma forma, é necessário reconhecer a importância da ação solidária e colaborativa dos demais advogados dedicados à defesa dos credores de precatórios. Soubemos unir forças em favor de nossos clientes nas mais diversas instâncias e fóruns.

Papel relevante, na defesa dos credores de precatórios, tiveram a Ordem dos Advogados do Brasil (OAB Federal e OAB SP) e suas respectivas comissões de precatórios, que sempre respaldaram a luta dos advogados que militam nessa área.

Contamos também com o apoio permanente do Madeca (Movimento dos Advogados em Defesa dos Credores Alimentares do Poder Público) para as causas comuns. Ressalte-se também o papel solidário da Associação dos Advogados de São Paulo (AASP), tradicional entidade da advocacia que esteve sempre próxima de nossas lutas. Agradecemos, por fim, à parceria e à amizade que sempre tivemos com o Instituto dos Advogados de São Paulo (IASP).

Inescapável reconhecer o papel expressivo do Conselho Nacional de Justiça. O CNJ tem contribuído fortemente para o cumprimento da lei e para exigir dos entes devedores que cumpram as suas obrigações, que façam os pagamentos conforme determina o nosso arcabouço legal.

Não poderia encerrar este capítulo sem mencionar positivamente a atuação do Tribunal de Justiça do Estado de São Paulo, especialmente nos últimos quatro ou cinco anos, no sentido de agilizar os pagamentos. Muito foi feito nesse campo, com a digitalização dos processos e com a firme disposição do Tribunal de dar prioridade ao pagamento dos precatórios, como já mencionamos neste livro.

A luta valeu e segue valendo a pena.

Esse é o papel da advocacia. Esta é a razão de ser da minha vida profissional. É para isso que a Advocacia Sandoval Filho procura qualificar sua Equipe Jurídica para seguir adiante nessa luta em defesa do servidor público do Estado de São Paulo. Vamos em frente nesse trabalho até que todos os credores recebam o que lhes é devido. Seguiremos firmes até que o último precatório seja pago.

Muito obrigado a todos os que participaram e os que ainda participam ao nosso lado desta jornada.

Antônio Roberto Sandoval Filho

Coordenação geral do projeto: Helvio Falleiros
Editor: Fabio Humberg
Capa: Bia Falleiros
Diagramação: Alejandro Uribe
Fotos da página 88: Juca Martins
Revisão: Humberto Grenes e Cristina Bragato

Dados Internacionais de Catalogação na Publicação (CIP)
(Câmara Brasileira do Livro, SP, Brasil)

Sandoval Filho, Antônio Roberto
    Da primeira procuração até o último precatório :
conquistas e desafios de quem dedicou 45 anos à
defesa jurídica de servidores públicos paulistas /
Antônio Roberto Sandoval Filho. -- I. ed. --
São Paulo : Editora CL-A Cultural, 2024.

    ISBN   978-65-87953-66-3
    e-ISBN   978-65-87953-67-0

    I. Advogados - Brasil - Biografia
2. Experiências - Relatos   3. Histórias de vidas
4. Narrativas pessoais   5. Sandoval Filho, Antônio
Roberto   I. Título.

24-225398   CDU-347.965(092)

Índices para catálogo sistemático:
I. Advogados : Biografia 347.965(092)
(Aline Graziele Benitez - Bibliotecária - CRB-I/3129)

Editora CL-A Cultural Ltda.
Tel.: (II) 3766-9015 | Whatsapp: (II) 96922-1083
editoracla@editoracla.com.br | www.editoracla.com.br
linkedin.com/company/editora-cl-a/ | instagram.com/editoracla |
www.youtube.com/@editoracl-acultural691